Fr. Ricardo Ferreira dos Santos, ofm

Reflexões sobre Teologia Franciscana

Fr. Ricardo Ferreira dos Santos, ofm

Reflexões sobre Teologia Franciscana

Uma resposta cristã aos desafios da cultura atual

CREDO EDICIONES

Cover image: www.ingimage.com

Publisher:
CREDO EDICIONES
ist ein Imprint der / is a trademark of
International Book Market Service Ltd., member of OmniScriptum Publishing Group
17 Meldrum Street, Beau Bassin 71504, Mauritius

Printed at: see last page
ISBN: 978-613-1-71135-0

REFLEXÕES SOBRE TEOLOGIA FRANCISCANA
Uma resposta cristã aos desafios da cultura atual

Fr. Ricardo Ferreira dos Santos, ofm

Índice

Introdução

Neste estudo propomos refletir algumas questões sobre a teologia franciscana para assim perceber o seu valor e a sua luz para nós cristãos e franciscanos, hoje. Em primeiro lugar perguntamos: o que é propriamente teologia franciscana? Qual o sentido de uma teologia franciscana hoje? Logo em seguida a modo de síntese e visão geral refletimos os diversos aspectos e elementos que caracterizam essa teologia franciscana. Propomos resgatar a riqueza de elementos de nossa espiritualidade franciscana à luz da reflexão teológica que teve início com são Francisco de Assis (1182-1226) e aprofundada pelos mestres franciscanos medievais são Boaventura (1221-1274) e João Duns Escoto (1266-1308).

1. O significado da teologia franciscana, hoje

A teologia é a reflexão da Palavra de Deus e da vivência da fé. Essa vivência exige um aprofundamento teológico. Por sua vez, toda vivência da fé está situada em um contexto sócio-histórico e cultural no qual se plasma uma espiritualidade cristã. Assim para cada tipo de teologia supõe uma espiritualidade[1]. Por exemplo, uma teologia latino-americana supõe uma espiritualidade da libertação, formada num contexto de opressão e exclusão social na América Latina; uma teologia dominicana supõe uma espiritualidade dominicana, pautada na experiência fundante de S. Domingos de Gusmão. E uma teologia franciscana supõe uma espiritualidade franciscana, resultante da experiência de s. Francisco de Assis e seus primeiros companheiros e assim por diante. Com efeito, subjacente a cada teologia há uma experiência de fé e conseqüentemente uma espiritualidade que a sustenta, a motiva e a dinamiza.

Portanto, toda teologia cristã brota de uma espiritualidade. Historicamente e por muito tempo a teologia foi marcada por um exagerado intelectualismo que conseqüentemente ofuscou a base de sustentação e animação de toda teologia. A reflexão teológica era pura especulação da essência das verdades da fé desligadas de sua relação com a vida e a história da salvação. Interessava o estudo da doutrina em si mesma. Conseqüentemente, não mais se percebeu a relação intrínseca que desde as origens havia entre teologia e espiritualidade; entre pensamento e vida.

A teologia franciscana não é simplesmente reflexão de teólogos franciscanos, visto que nela está subjacente uma espiritualidade que a condiciona e a caracteriza. Tal reflexão propõe o aprofundamento da Revelação e da Fé à luz da espiritualidade franciscana. A teologia franciscana supõe uma maneira própria e específica de se conceber e viver a fé cristã. Propõe uma experiência própria de Deus; uma visão do divino, do mundo e da vida; um estilo particular de se entender a realidade. É um modo de se fazer teologia nesse atual contexto de coloração plural de propostas teológicas tendo como ponto de partida a diversidade das realidades terrestres. A teologia franciscana pretende ser também uma resposta aos desafios da cultura e de tantos problemas que afligem o mundo de hoje.

---

[1] RITO DE LEÃO BRASIL, Honório. *Apostila do curso de franciscanismo*. Salvador, 1989, p. 3-6.

Igualmente, a teologia franciscana supõe uma matriz simbólica[2] comum ao pensamento franciscano, reflexo conseqüente de sua espiritualidade. A pessoa experimenta a Deus na fé condicionada a uma espiritualidade particular e expressa essa vivência comum em símbolos ou numa linguagem simbólica. Neste sentido, a tarefa da teologia franciscana é a interpretação simbólica comum de sua espiritualidade. Porque toda teologia nasce de contextos culturais diferentes que pressupõe experiências diferentes, espiritualidades diferentes, universos simbólicos diferentes. A teologia franciscana expressa o simbolismo comum da espiritualidade da família franciscana. No entanto essa linguagem comum deve ser compreensível e acessível à linguagem do homem de hoje. O esforço da teologia será o de traduzir ou interpretar essa linguagem que nasce no contexto de um mundo medieval, mas que não perdeu a força, vigor e a riqueza de sua mensagem e espiritualidade.

Tal reflexão teológica tem a sua origem na experiência de fé de s. Francisco de Assis juntamente com os seus primeiros companheiros. Trata-se de uma experiência fontal, igualmente vivida e expressa por sta. Clara e sto. Antônio. Com a permissão de s. Francisco, sto. Antônio de Pádua foi o primeiro professor de teologia da Ordem franciscana. O primeiro em sua reflexão teológica a deixar transparecer a sua profunda espiritualidade franciscana.

Por conseguinte, a partir dessa matriz originária espiritual, a teologia franciscana continuou ao longo dos séculos através da reflexão dos seguidores de s. Francisco. O próprio s. Francisco que em sua humildade se considerava iletrado cultivou à luz da s. Escritura e em sintonia com a doutrina da Igreja uma sabedoria teológica profunda pautada em intuições, resultado de sua experiência de fé no seguimento a Cristo pobre e crucificado. Essa teologia franciscana do pobrezinho de Assis se revela em muitos de seus escritos e biografias, as chamadas fontes franciscanas e clarianas.

Essa teologia num período de florescência cultural conheceu também doutores (como por exemplo, Alexandre de Hales, S. Boaventura, Duns Escoto, Guilherme de Ockham e muitos outros) de escolas ilustres (Paris e Oxford), e que constituiu um tempo carismático da história franciscana. Esses autores, chamados de mestres franciscanos clássicos, cuja época compreendeu entre os séculos XIII e XIV, em espírito de serviço à Igreja, marcaram o seu tempo, quando em atenção à ação do

---

[2] MERINO, José Antonio y FRESNEDA, Francisco Martinez (org.). *Manual de Teología Franciscana*. Madrid: BAC, 2003, p. 19-22.

Espírito sistematizaram e aprofundaram, em conceitos filosóficos e teológicos, as intuições do Poverello de Assis.

A teologia franciscana foi sendo trabalhada em contextos diferentes, desde a Idade Média até hoje. E após um período de declínio (século XV a XIX), numa realidade histórico-teológica de acento intelectualista, não se percebeu nenhum nome de destaque. Desenvolveu-se a moderna teologia franciscana com a participação dos chamados teólogos "escotistas" em fidelidade a doutrina de João Duns Escoto.

Nesse período houve a reforma da escolástica promovida pelo papa Leão XIII (final do século XIX), onde se ressaltou especialmente a teologia de Santo Tomás de Aquino, enquanto a teologia franciscana em grande parte foi relegada ao segundo plano[3]. O papa prestigiou o pensamento de s. Boaventura, chamando-o de "príncipe dos místicos", mas relegou as figuras de João Duns Escoto e Guilherme de Ockam ao esquecimento, certamente porque sem conhecê-los em profundidade eram vistos como heterodoxos e contrários à fé cristã.

Somente a partir dos anos 20 do século XX, a teologia franciscana procurou resgatar e valorizar o patrimônio filosófico-teológico de seus grandes teólogos medievais, de modo particular, João Duns Escoto e Ghilherme de Ockam. A proposta de teólogos e filósofos do século XX, em especial franciscanos, era a de resgatar a memória e a riqueza filosófico-teológica desses dois grandes mestres e a sua contribuição à teologia católica.

Atualmente essa proposta de aprofundar uma teologia franciscana supõe como referencial o Concílio Vaticano II. Este nos exorta a olhar a teologia à luz do mundo presente. Considerando as resoluções do Concílio propõe uma espiritualidade franciscana renovada e encarnada que consiga dar uma resposta ao homem de hoje marcado culturalmente pela modernidade e pós-modernidade em contexto latino-americano[4]. O Concílio nos convida ao resgate das origens de nossa tradição espiritual e intelectual em mãos dadas com a realidade de nosso tempo.

---

[3] RITO DE LEÃO BRASIL, Honório. Apostila do curso de teologia franciscana, p. 52.

[4] Em resumo, sem querer esgotar a amplitude e a complexidade da cultura atual, apresentamos três aspectos que predominantemente caracterizam o fenômeno da cultura emergente de hoje, verdadeiro desafio à fé cristã: 1) primeiro, acentuação exacerbada do "subjetivismo", herança da cultura moderna que se apresenta de forma não racional, mas emotiva e simbólica. Indiferença à realidade social; preocupação com o imediato; aumento do fenômeno religioso de forma intimista e privada e distanciamento das grandes instituições religiosas sobretudo ocidentais; comportamento voltado para o individualismo, o hedonismo e o consumismo. 2) segundo, propagação do "holísmo", doutrina que resulta das novas descobertas da física, chamada de "nova física", que postula a interconexão e integração dos elementos da natureza entre si ao contrário da racionalidade moderna analítica e

Não se quer propor uma teologia nem saudosista nem ufanista do passado, mas uma reflexão que responda originalmente com aquela riqueza, dom do Espírito que é próprio de nossa espiritualidade contida no patrimônio histórico intelectual da Ordem aos apelos do momento atual. O que se deseja não é mero conhecimento do passado, nem fomentar um espírito de disputa teológica de escolas, mas estabelecer uma ponte entre o passado e o presente em vista de uma resposta franciscana no contexto de nossa época. Em primeiro lugar essa resposta deve ser um serviço à Igreja e dom de Deus ao mundo.

Mais do que a produção do passado o interesse por uma teologia franciscana será uma resposta específica e original que deixe transparecer a riqueza e valor da espiritualidade de s. Francisco que aflui do patrimônio filosófico-teológico e místico da história da família franciscana.

A Ratio Studiorum OFM nos exorta a essa tarefa tão importante especialmente na preparação e formação do Frade menor:

"... o Frade menor tem o grande dever de conhecer e assimilar o patrimônio cultural e espiritual dos Mestres franciscanos, para atualizá-lo e fazer ouvir a sua voz no mundo de hoje (cf. CG 166 §§ 1-2), consciente de que a visão franciscana do mundo e o pensamento franciscano, caracterizados pelo cristocentrismo, respondem às expectativas e às exigências do homem contemporâneo e à sua ânsia de conhecer e encontrar a Deus"[5].

Portanto, o frade menor bem como os membros da família franciscana é chamado a conhecer e a beber nas fontes de nossa tradição intelectual, especialmente teológica para que possa melhor responder aos desafios de nossa época. Por conseguinte, essa tarefa não se limita apenas a família franciscana, mas se estende a todos os cristãos, irmãos e irmãs de coração franciscano.

---

fragmentada. Partindo desse pressuposto cientifico se constrói uma filosofia da realidade, cujo todo está unido, conectado entre si e se complementa. A visão natural predomina sobre o pessoal e histórico. 3) terceiro, economia globalizada sustentada pelo neoliberalismo capitalista e que tem o seu suporte na tecnologia da informação. Essa mentalidade econômica prima pelos baixos custos, pela qualidade e quantidade da produção em vista de uma maior margem de lucros. Conseqüentemente causa acentuada desigualdade na distribuição de renda, desigualdade social e desequilíbrio humano. A sociedade baseada no mercado global favorece a crescente exclusão social. Somente uma minoria tem acesso aos recursos produzidos enquanto a grande maioria vive na fome, miséria e desemprego. Cf RUBIO, A. G. Modernidade/ Pós-modernidade: desafios antropológicos para a formação religiosa, apostila. Petrópolis, 16-17/2006, op. cit. p. 1- 6.

[5] ORDEM DOS FRADES MENORES. *Ratio Studiorum: "In notitia veritatis proficere" (LegM 11,1)*. Roma: 2001, p. 17.

Com o propósito de esclarecer o conceito de teologia franciscana e de perceber a sua importância para nós hoje, perguntamos agora pelo perfil teológico característico dessa teologia. O que ela tem em comum? O que a caracteriza em sua linguagem como teologia franciscana? Desde já em resumo propomos apresentar alguns aspectos que mostre a riqueza dessa espiritualidade que emergiu em s. Francisco e que se desenvolveu especialmente na reflexão teológica dos mestres franciscanos medievais especialmente em s. Boaventura e beato João Duns Escoto.

2. O papel da Teologia

Iniciamos essa reflexão nos perguntando sobre o significado da teologia. A espiritualidade franciscana acentua o elemento existencial e pessoal que conseqüentemente marca a teologia franciscana pautada na história bíblica da salvação. Ela enfatiza a primazia do amor e do querer sobre o conhecer. O papel do estudo é o de iluminar a ordem concreta e existencial da salvação. A teologia não tem caráter especulativo, mas afetivo e prático. A sua finalidade, segundo s. Boaventura é nos santificar e nos conduzir à salvação[6]. A teologia parte da experiência da fé no seguimento a Jesus Cristo assim como nos propõe a tradição da Igreja ao explicitar a revelação contida nas Sagradas Escrituras.

3. O lugar da Sagrada Escritura

S. Francisco acentua a primazia da S. Escritura na tradição cristã[7]. O Evangelho tem um lugar fundamental na formação dos irmãos menores. Conforme a experiência espiritual do Pai Seráfico, o Evangelho é a "regula et vita fratum minorum". A regra não-Bulada, por exemplo, é profunda expressão dessa vida evangélica que Francisco quis imprimir a si e aos seus irmãos. Neste sentido, a regra resultou em uma verdadeira colcha retalhada em linguagem bíblica. Na interpretação da Bíblia, ele não pensa em conceitos, nem de forma fundamentalista, mas medita os seus propósitos à luz dos fatos da história da salvação.

---

[6] WETTER, Friedrich. *Teologia de los franciscanos*, Apostila. p. 3. http://www.mercaba.org/Mundi/3/franciscanos_teologia_de_los.htm.

[7] RITO DE LEÃO BRASIL, Honório, p. 31. Cf. também DETTLOFF, W., *Die Geistigkeit des hl. Franziskus in der Theologie der Franziskaner. Wissenshaft und Weisheit. Düsseldorf: n.* 19 1956, p. 198-207.

Essa espiritualidade bíblica de Francisco é retomada e aprofundada de modo especial por S. Boaventura[8]. A Sagrada Escritura, segundo ele, tem a primazia sobre as outras autoridades, isto é, os padres da Igreja, os manuais de teologia e os filósofos. Ela tem um lugar central na vida da Igreja visto que normatiza, ilumina e aprofunda a tradição e a vida eclesial.

Além disso, a S. Escritura é a fonte primária da teologia. De acordo com s. Boaventura a teologia é a ciência da Sagrada Escritura. Neste sentido se pode dizer que o Livro Sagrado que contém a Palavra de Deus é como que a alma da reflexão teológica. A Escritura é necessária ao homem peregrino e ferido pelo pecado para poder interpretar os sinais da presença de Deus no livro da criação.

S. Boaventura se afastando de uma interpretação espiritualista da S. Escritura acentua o valor do sentido literal para poder chegar ao seu verdadeiro sentido ou sentidos místicos e profundos. Essa hermenêutica encarnada e concreta da Escritura foi por ele muito bem ilustrada especialmente quando faz um paralelo entre Sagrada Escritura e mistério da encarnação[9].

No Brevilóquio, breve suma de teologia, declara que assim como o Cristo se fez criancinha envolta em panos pobrezinhos na manjedoura do mesmo modo a Sabedoria de Deus, nas Escrituras, se revestiu de simples imagens humanas[10]. Portanto, o Verbo assumiu a carência e a pobreza da linguagem humana da Escritura.

Entretanto, a Sagrada Escritura declara o santo doutor franciscano não é mera palavra humana, que brota de meros interesses humanos, mas Revelação de Deus que procede do alto, ou seja, nos vem do Pai das luzes mediante o Verbo encarnado pelo Espírito Santo. Com efeito, mediante a fé nos é dada o conhecimento da S. Escritura segundo a graça da Trindade[11]. Verdadeiramente é Palavra de Deus e dom da graça que nos dá a Vida eterna.

Essa primazia da S. Escritura, característica da teologia franciscana, muito se aproxima das resoluções do Concílio Vaticano II que resgata o lugar central da Bíblia na Tradição, na teologia e na vida da Igreja[12].

---

[8] DETTLOFF, Werner. *"Christus tenes medium in omnibus", Sinn und Funktion der Theologie bei Bonaventura (schluss).* Wissenshaft und Weisheit. Düsseldorf: n. 20. 1957, p. 33-37; RITO DE LEÃO BRASIL, Honório. p. 30-31.
[9] RITO DE LEÃO BRASIL, Honorio, p. 31.
[10] BOAVENTURA. Brev. Prol. c. 4, § 4, in: Bonaventura. Opere di San Bonaventure. Opuscoli Teologici/2, t. V/2, Breviloquio, Roma: Città Nuova, 1996, p. 37.
[11] BONAVENTURA. Prólogo § 3, in: *Opere di San Bonaventura*, p. 23.
[12] COMPENDIO DO VATICANO II. Constituições, decretos, declarações. Constituição Dogmática sobre a Revelação Divina *Dei Verbum.* 24ª. ed. Petrópolis: Vozes, 1995, n. 21 a 25.

4. A visão de Deus

Essa compreensão de Deus na espiritualidade franciscana resulta de sua teologia pautada especialmente na Sagrada Escritura e na visão de Deus, herança deixada pelo santo fundador. A espiritualidade de Francisco é caracterizada profundamente pela experiência do Deus transcendente da revelação bíblica. Diante dele nos reconhecemos como criaturas limitadas, carentes e dependentes. Porque somente dele, o Altíssimo, nos vem todo bem. Deus é suma bondade, caridade, amor[13] que está sempre a se doar e a se compartilhar. Essa experiência de Deus não é solitária, mas é comunhão trinitária. Deus é Pai, Filho e Espírito Santo. Ele é essencialmente relação na comunhão inefável das três Pessoas divinas. Em sua vida Francisco evoca e experimenta a Deus como Trindade[14].

O Deus da fé de Francisco, todo católico e apostólico, não é solitário nem estático ou fechado num narcisismo individualista, mas vivo, dinâmico que está continuamente a se doar. Entretanto, não podemos compreender esse mistério da bondade e do amor de Deus a não ser contemplando o mistério da encarnação. Na contemplação desse sublime acontecimento podemos vislumbrar o rosto condescendente de Deus que se fez humilde ao revelar a sua forma de servo, pobre e crucificado[15]. Ele totalmente se despojou para nos enriquecer com a sua pobreza e nos conduzir a salvação. O momento da paixão e da cruz se revela como expressão mais profunda do amor de Deus a Si e por nós.

S. Boaventura seguindo o exemplo de seu mestre Alexandre de Hales aprofunda essa visão franciscana de Deus em diálogo com o Pseudo-Dionísio, antigo padre da Igreja oriental, usando o axioma: "Bonum difusivum suum", isto é, Deus desde toda a eternidade está a Si difundir ou Si derramar ou ainda a Si doar. Para Boaventura, Deus é estrutura de amor e comunhão trinitária[16]. Em nossa experiência de fé distinguimos a Deus em sua pluralidade e profunda compenetração vital –

---

[13] *"Caridade, que é Deus"* (cf. 1 Jo 4,16)"; 1 CF 1, 1; RNB 22; *"só Ele é bom"* (Lc 18,19), RNB 17, 5; 2 CF c. 8, in: Fontes Franciscanas, Procasp (província dos capuchinhos de São Paulo). http://centrofranciscano.capuchinhossp.org.br/fontes.

[14] *"Em nome da altíssima Trindade e santa Unidade, do Pai, do Filho e do Espírito"*, S. Francisco de Assis, Carta a Toda a Ordem dos Frades Menores, in: Procasp. Ibid.

[15] Cf. IAMMARRONE, Giovanni. La Cristologia Francescana. Impulsi per il presente. Padova: Ed. Messaggero,1997, op. cit. 86-87.

[16] IAMMARRONE, Luis. La Trinidad, in: MERINO, J. Y FRENESDA, A. (org.) *Manual de Teologia Franciscana*, Madrid: BAC, 117-118.

perikorisis ou circumincessão[17] - numa relação de amor e comunhão suma que afeta não somente as Pessoas entre si, mas toda criatura. Cada Pessoa em suma unidade de operação e comunicação age nas criaturas e na história de modo a comunicar algo de suas próprias propriedades pessoais.

Partindo do principio bíblico "Deus caritas est" (1 Jo 4,16), Duns Escoto afirma que "Deus é essencialmente amor". Ele age livremente e gratuitamente por e com amor e que tende a se difundir e a se comunicar. Na mente de Deus se concebe um projeto de puro amor ordenado do início ao fim. Em primeiro lugar, ele quer amar a Si mesmo no seio de suas relações na Trindade. Depois, quer sair de Si mesmo e amar outro fora de Si.

Assim pensa em criar o universo para amar. Por conseguinte, procura Outro que possa amá-lo com amor divino. Então se decide pela encarnação do Verbo. Prevê e escolhe uma criatura que seja ponto de união entre o divino e o humano. Igualmente, estabelece e ordena a união hipostática, isto é, a união de seu Filho eterno com a natureza humana. Assim realiza Deus a sua maior obra, vértice de toda criação e ponto de convergência entre criador e criatura. Tudo é amado e querido por Deus por e em ordem a Cristo, Verbo encarnado. Com efeito, o Verbo feito carne é o centro do universo, Rei da Criação, Sumo Sacerdote e Cabeça da Igreja[18].

5. Cristocentrismo

Entretanto, o que realmente sustenta e dá eixo ao conjunto da teologia franciscana é a sua compreensão "cristocêntrica" da realidade. Todavia, não se trata de um cristocentrismo em si mesmo, mas na sua relação com Deus, isto é, teocêntrico ou teologal. A presença de Cristo, o Verbo encarnado e crucificado marca a "experiência evangélica de Deus" em toda a vida de s. Francisco de Assis que nos leva a encontrar Deus nosso Pai na vida e na história.

Segundo o biografo Tomás de Celano, o Pai seráfico gostava de contemplar os mistérios de Cristo especialmente quando se referia ao nascimento e à paixão do Senhor[14]. E se reconhecia como arauto do grande Rei Nosso Senhor Jesus Cristo[15]. Na

---

[17] BONAVENTURA. Itin VI, 2, in: Opere di San Bonaventura, Opusculi teologici/1, t. V/1. Roma: Città Nuova, 1993, p. 559. Cf. também: SÃO BOAVENTURA, in: *Dicionário Teológico: o Deus cristão,* trad. bras., São Paulo: Paulus, 1998, op. cit. 131. Esse conceito teológico oriundo da teologia dos padres gregos foi adotado e introduzido por ele na teologia latina

[18] VELTHEY, L. *Jean Duns Scot. Pensée Théologique*. Paris: éditions franciscaines, 1967. p. 76-102.

[14] *"(Francisco) Gostava tanto de lembrar a humildade de sua encarnação e o amor de sua paixão, que nem queria pensar em outras coisas"*. 1Cel c. 30, n. 84.

Eucaristia contempla o mistério do Deus humilde que sacramentalmente continua hoje o mistério da encarnação em seu gesto de humildade, amor e doação[16]. É na contemplação do crucifixo da igrejinha de S. Damião que marca o inicio do processo de descoberta e maturidade de sua vocação[17].

Essencialmente, a espiritualidade da teologia franciscana se pauta no encontro e no seguimento do Cristo pobre e crucificado. É na pessoa do Cristo e de modo particular no mistério da encarnação que os teólogos franciscanos vão concentrar a sua atenção em fidelidade à espiritualidade que se origina em s. Francisco de Assis.

Numa leitura histórico-salvífica e de inspiração joanéia e no diálogo com a teologia agostiniana, s. Boaventura desenvolve teologia do Verbo, contemplando a Cristo, o Verbo do Pai, como o "centro", o "meio" e o "mediador" da Trindade e de todas as coisas. Cristo é a medida, isto é, norma, sentido e finalidade da história. Ele é também o tema e a chave hermenêutica que nos permite a compreensão da Escritura. Em suma, Cristo é o centro da vida e do universo[18].

Segundo a sua doutrina simbólica e exemplarista considera Cristo como exemplar e modelo de toda criação. No Filho, o Verbo eterno, o Pai cria todas as coisas. Deste modo, mediante o Verbo toda criatura encontra o seu valor, verdade e existência. Porque tem o seu centro no Verbo e no Verbo são criadas, as criaturas revelam os sinais da presença de Deus em graus distintos: umas são vestígios, outras são imagem e outras ainda são semelhanças. As criaturas irracionais refletem o poder, a sabedoria e a bondade de Deus; as criaturas racionais ou espirituais (seres humanos) refletem a imagem de Deus e se tornam semelhantes quando são transformadas pela graça. Elas são palavras expressas pelo Verbo eterno no tempo. Em Cristo todas as criaturas têm uma finalidade, porque ordenadas à graça e a glória. Nesse pensamento cristocêntrico se vislumbra o modo franciscano de se valorizar a dignidade e a integridade de toda a criação[19]

---

[15] 1 Cel c. 7 n. 16.
[16] 2 Cel c. 152 (todo capítulo). S. Francisco ocupa boa parte de seus escritos exortando sobre o valor e a participação no sacramento da Eucaristia. Cf. também Adm. c. 1; RB c. 13; RNB c. 20; 2 CFi c. 11; Carta a todos os clérigos e outros.
[17] 2 Cel c. 6, n. 10.
[18] DETTLOFF, Werner. *Die Geistigkeit des hl. Franziskus*. pp. 207-208; Id., *"Christus tenes medium in omnibus" Sinn und Funktion der Theologie bei Bonaventura [Schluss*], Wissenshaft und Weisheit. Düsseldorf: v. I, n. 20. 1957, pp. 121- 140.
[19] Cf. "Exemplar", in: BOUGEROL, Jacques-Guy. *Lexique Saint Bonaventure*. Paris: ed. franciscaines, 1969, pp. 61-65.

Já na obra da redenção, o Verbo feito homem tem a sua posição mediadora entre Deus e a criação. A reconciliação operada por Cristo na encarnação e na cruz reconduz o homem ferido pelo pecado e por meio dele toda criação ao Pai no seio da Trindade. Em Cristo, Verbo eterno, todas as coisas não somente são criadas, mas também em movimento soteriológico de retorno, são reconduzidas ao Pai, que constitui a fonte da Vida para dentro (ad intra) e para fora (ad extra) da Trindade. O Verbo é o centro e a finalidade do universo criado[20].

O Filho, Verbo encarnado, em sua humanidade e em sua história, é modelo de toda vida cristã. Na cruz e no seguimento do Cristo servo, pobre e crucificado, na perspectiva da fé no Ressuscitado, se encontra o centro da existência e da práxis cristã, segundo s. Boaventura[21].

Meditando a partir da experiência religiosa de Francisco no contato com os leprosos e os pobres à luz da S. Escritura, s. Boaventura mostra a predileção de Deus pelos pobres[22] e aprofunda o conceito de piedade - *pietas*[24] - considerando Cristo no mistério da encarnação como modelo ou exemplo de amor, ternura e misericórdia para com os pequeninos e humildes. O próprio Francisco seguiu esse exemplo, pois viveu como pobre em atitude de compaixão e solidariedade para com os pobres[25]. Para descrever a vida de s. Francisco, s. Boaventura usa esse termo de profundo significado teológico e ético.

Ele escreve:

"A verdadeira piedade que, segundo o Apóstolo (cfr. 1Tm 4,8) é útil para todas as coisas, preenchera a tal ponto o coração de Francisco e penetrara em suas entranhas, que parecia ter tomado o homem de Deus integralmente sob o seu domínio. Era ela que, pela devoção, elevava-o até Deus, pela compaixão transformava-o em Cristo, pela condescendência inclinava-o para o próximo e pela

---

[20] IAMMARRONE, Juan. Cristología, in: MERINO, J. A. - MARTINEZ FRESNEDA (org.), F. Manual de Teología Franciscana, pp. 162-165.

[21] Uma boa explanação dessa compreensão cristológica que incide sobre a práxis cristã tendo Cristo como centro e modelo de seguimento, veja: A. N. Van Si. *Seguire e imitare Cristo secondo san Bonaventura*, trad. ital. Milano: Ed. Bibl. Francescana, 1995.

[22] *"Eis para vós um sinal; para vós, digo, para as vós pobres, porque veio para libertar os pobres segundo diz o salmo: 'libertará o pobre do poderoso e o pobre que não encontra ajuda (Sl 71,12)"*. E em outro lugar diz: *"O 'sinal' de predileção pelos pobres é um menino envolvido em panos, pobre e mendigo", BONAVENTURA. Comm. Ev. Lc II, I 26.* In: *Opere di San Bonaventura, Commento al Vangelo di San Luca*/1, Roma: Città Nuova, 1999. p.183.

[24] BOUGEROL, Jacques-Guy. *Lexique Saint Bonaventure*. p. 108-109.

[25] Leg M 8, 1 e 5.

conciliação universal com cada uma das criaturas fazia-o tornar ao estado de inocência."

"Com admirável ternura de compaixão, compadecia-se dos aflitos por qualquer moléstia corporal; se via alguma penúria ou alguma falta em alguém, com a doçura do seu piedoso coração referia-o ao próprio Cristo. É certo que tinha uma clemência congênita, duplicada pela infusão da piedade de Cristo. Por isso comovia-se com os pobres e doentes, e aos que não podia socorrer com sua mão, demonstrava seu afeto".

Grande é o mistério da piedade, exclama o santo doutor franciscano. O Filho de Deus se fez pobre assumindo nossa pobreza e debilidade. Ofereceu-se em sacrifício a si mesmo por amor a nós. Esse mistério se renova cotidianamente no Sacramento do Altar porque é memória do mistério da piedade. Neste sentido, quem participa da Eucaristia deve se revestir de *"entranhas de misericórdia"*[26].

Com efeito, somos chamados a progredir na fé, nos configurando aos sentimentos de Cristo, amando fraternalmente ao próximo, especialmente aos pobres. Tal atitude religiosa nos leva a reconhecer o rosto de Deus nos pobres porque estes entre os seres humanos são especialmente *"imagem e semelhança de Deus"*[27].

A piedade é um dom que vem de Deus-Pai mediante a encarnação de seu Filho Jesus Cristo dada a Igreja pelo Espírito Santo e denota não só sentimento, mas também atitude de compaixão e serviço solidário aos pequeninos – doentes, indigentes, pecadores, etc.[28] O homem piedoso, particularmente prelado ou superior, deve cultivar a "caridade fraterna" e assumir a missão fraternal a exemplo do bom samaritano que cuida com amor dos doentes sejam corporais ou espirituais. Devemos amar aos enfermos e necessitados porque expressam a imagem do próprio Cristo corporalmente segundo o ensino do evangelho de Mateus 25, 40 que diz:

"O que fizestes a algum desses meus pequeninos a mim o fizestes"[29].

Fazer a vontade de Deus segundo s. Boaventura é se tornar membro da família de Deus, seu irmão ou irmã ou mãe. A "vontade de misericórdia", por exemplo, pratica aquele que ajuda aos necessitados com afeto e obra. Com efeito, a pessoa se torna "mãe" de Jesus porque quem conforta e nutre um pobre está nutrindo e

---

[26] BONAVENTURE. De Donis III, 12. *Opere di san Bonaventura. Sermoni Teologici*/2.t. VI/2. Roma: Città Nuova, 1995. p. 177.

[27] BOUGEROL, Jacques-Guy. *Lexique saint Bonaventure*. Paris: ed. fraciscaines, 1969, p. 108; BUENAVENTURA, S. *Obras de San Buenaventura*, t. IV. Madrid: BAC, 1949. p. 595.

[28] BUENAVENTURA. Ibid. pp. 507ss.

[29] Ibid., 596.

confortando nele o próprio Cristo assim como uma mãe se dedica ao cuidado do seu filho[30].

Em suma, esse mistério da piedade que se manifestou na encarnação do Verbo, assumindo a miséria humana ao se fazer pobre e peregrino neste mundo, sofrendo a Paixão e morte na cruz, inflamado de amor, fundamenta o seguimento à pessoa de Jesus na vida de pobreza e humildade e, por conseguinte, a dignidade dos pobres e o valor da vida em fraternidade.

Duns Escoto aprofunda mais ainda o cristocentrismo da espiritualidade franciscana. A sua atenção se concentra na primazia absoluta de Cristo, o Verbo encarnado. Para ele, Cristo no mistério de sua encarnação é a "suma obra de Deus". Desde toda a eternidade, o Pai pensou, predestinou e desejou o Cristo como maior expressão de sua obra de amor.

A razão de ser de Cristo não está condicionada ao pecado do homem, mas à livre expressão do amor e dos desígnios da Trindade. Na ordem da intenção de Deus, Ele é o "primeiro" porque todas as coisas foram criadas por e para Ele, e, na ordem da execução, o "último" na realização de suas promessas porque todas as coisas convergem para Ele. Portanto, Cristo é a razão e o fim de toda criação[31].

Essa compreensão cristocêntrica da primazia de Cristo na criação conseqüentemente tem profunda implicação no reconhecimento do valor da criação e, por conseguinte, da dignidade, da liberdade e do destino de todo ser humano. A centralidade da encarnação não diminui nem exclui, mas eleva e inclui o lugar da criatura humana no plano de Deus porque na encarnação tudo foi assumido por Cristo e para Cristo. Todo homem, em Cristo, Homem Novo por excelência, tem o seu valor porque configurado e elevado ao mistério de Cristo e predestinado à graça e a glória.

6. A criação

A criação tem o seu valor religioso e sacramental, herança de s. Francisco que cheio de amor compôs e entoou o "canto das criaturas"[32]. A teologia franciscana aprofunda a espiritualidade simbólica do pobrezinho de Assis.

---

[30] Sermão 197, n. 4., in: BONAVENTURA. *Opere di San Bonaventura, Sermoni de Tempori*, t. XI. Roma: Città Nuova, 2003. pp. 397-99.

[31] VEUTHEY Léon. Jean Duns Scot. Paris : Ed. Franciscaines, 1967. pp. 76-103.

[32] *"Louvado sejas, meu Senhor, com todas as tuas criaturas"*, in: Cântico das Criaturas, Fontes Franciscanas, Procasp (província dos capuchinhos de São Paulo). http://centrofranciscano.capuchinhossp.org.br/fontes.

Toda criatura revela a presença de Deus. Elas nos recordam, nos falam do divino e, de forma gradual, nos conduzem à santíssima Trindade[33]: Com efeito, o universo nos leva a conhecer a bondade, o poder e a sabedoria de Deus. Através dele chegamos àquele que é a causa e a origem de todas as coisas. A criação se apresenta como um espelho que reflete a beleza, a harmonia e ordem do ser de Deus.

Francisco em sua piedade e intuição teológica contempla a "proximidade" e, ao mesmo tempo, a "distância" do Criador ao se refletir nas criaturas. Elas não são ídolos ou deuses, mas também não são objetos de posse nas mãos dos homens, mas companheiras que devem ser amadas, protegidas e respeitadas em sua dignidade outorgada pelo próprio Deus. O homem não está acima da criação, mas no meio delas. Ele deve olhá-la não como objeto bruto de manipulação, mas como dom de Deus. Ele é chamado a relação de diálogo e comunhão com todas as coisas criadas.

S. Francisco tinha uma consideração toda especial pelas criaturas, chamado-as de irmãos e irmãs[34]. Não somente tinha compaixão para com os pobres, mas até mesmo pelas criaturas[35].

Nelas contemplava de maneira alegórica a manifestação do amor e da presença de Cristo:

"Gostava de ver e de tratar com carinho todas as criaturas, principalmente aquelas em que podia descobrir alguma semelhança alegórica com o Filho de Deus"[36].

Francisco experimenta Deus no contado com as criaturas e intui aquela harmonia e comunhão que nos recorda o estado de inocência no paraíso[37].

Essa visão ecológica e cósmica de s. Francisco tão cultivada em sua espiritualidade e piedade será retomada e aprofundada por s. Boaventura e por Duns Escoto. Ambos por diferentes perspectivas metodológicas vão acentuar a dignidade do universo criado à luz da verdade revelada.

S. Boaventura parte da Escritura para contemplar as marcas ou sinais da presença da Trindade nas criaturas[38]. A criação emite uma linguagem simbólica que uma vez captada e interpretada podemos conhecer, amar e louvar a Deus:

---

[33] 2 Cel 124, n. 6.
[34] 1 Cel c. 29, n. 81.
[35] 1 Cel c. 28, n. 77.
[36] Ibid.
[37] LM; Lm 5.
[38] Boaventura não parte da analogia da criatura como faz sto. Tomás, mas do dado da fé, da S. Escritura, numa palavra, de Deus mesmo revelado na Escritura para compreender o sentido e o destino

"O primeiro Princípio fez este mundo sensível para se dá a conhecer a si mesmo, quer dizer, para que o homem fosse conduzido por ele como por um espelho e um vestígio a amar e a louvar a Deus, seu artífice"[39].

E em outro lugar:

"A criação é um livro no qual resplandece, se representa e se lê a Trindade criadora..."[40].

S. Boaventura compreende a criação ordenada hierarquicamente em graus distintos e que se revela em menor ou maior claridade e profundidade a Trindade criadora. Entre as criaturas, umas são "sombras" ou "vestígios" (criaturas irracionais); outras "imagens" (racionais, homens ou anjos) ou "semelhanças" (o homem restaurado pela graça – os deiformes). Toda criatura tem um valor sacramental.

Há entre Deus e as criaturas uma relação profunda de dependência e influência. O Criador está sempre a conservar e conduzir a sua criação. Toda ela encontra na Trindade a sua "fonte ou princípio" e, ao mesmo tempo, a finalidade ou destino de sua existência. O universo inteiro está ordenado à participação na glória divina. Entretanto, essa participação não é imediata, mas mediada pelo ser humano, síntese de toda criação. Nele se dá a combinação indissolúvel entre a criatura e o criador, o humano e o divino. Em seu corpo contém todos os elementos da criação e em sua alma está a marca da Trindade. É por isso que o santo doutor insiste em chamá-lo "imagem de Deus", seguindo a tradição da escola franciscana.

Para o doutor franciscano, o homem entre todos os seres criados é a obra prima do universo. É por isso que todas as criaturas foram criadas para ele. Todas elas estão ao seu serviço. É através dele que todas elas chegam plenamente ao seu fim. Entretanto, o homem não está acima ou diante das criaturas, mas no "meio" ou entre elas. A sua missão não é dominá-las nem as manipular, mas "presidi-las" para que sejam todas re-conduzidas à unidade e a perfeição da Trindade de amor.

Na doutrina da criação em s. Boaventura não há um panteísmo na relação entre Deus e as criaturas ou das criaturas entre si, mas um parentesco onde se acentua a distinção, a origem e a herança de cada uma delas. Há uma verdadeira comunhão e

---

da criação. Cf. MOUIREN, Trophime. *Introduction*, in: Bonaventure. Breviloquium p. 2 – le monde creature de Dieu. Paris: ed. Franciscaines, 1967. pp. 19-20. Para a exposição seguinte desse tema confira também NGUYEN VAN SI, Ambrogio. *Seguire e imitare Cristo secondo san Bonaventura.* Trad. Ital. Milano: Edizioni Biblioteca francescana, 1995, p. 72-78.

[39] BUENAVENTURA. Brev. p. 2, c. 11, n. 2, in: *Obras de San Buenaventura*, ed. bilingüe, Madrid, BAC,1945. p. 281.

[40] Ibid. Brev. p. II, c. 12, n. 2, in: Ibid., p. 285.

fraternidade cósmica. Deus sem perder a sua transcendência e pessoalidade está nas criaturas e as criaturas sem subtrair a sua individualidade estão em Deus.

Boaventura enfatiza a transcendência de Deus, mostrando que toda criatura em sua múltipla diversidade é um ser pobre, carente e deficiente. Mas é justamente aí que Deus faz resplandecer o poder, a sabedoria e a bondade de sua perfeição. É aí que Deus fala e se expressa; manifesta a profecia; dá testemunho de Si.

As criaturas, afirma o doutor seráfico, já existiam no pensamento de Deus sob a forma de "idéias eternas". Quando Deus-Pai fecundo em amor gerou o seu Verbo, elas foram expressas no tempo. Portanto, as criaturas são "semelhanças expressas" porque desde o principio existem no Verbo de Deus. Uma vez expressas refletem algo de comum e de semelhante com o seu Criador. Por conseguinte, com a sua forma própria de existência na qualidade de "vestígios" falam e apontam para o mistério da Trindade.

S. Boaventura procurando compreender teologicamente a razão de existir de todas as criaturas e o seu lugar no plano divino da salvação parte do dado da Escritura que nos revela um Deus na dinâmica de sua comunidade de amor. Dessa comunhão de amor entre as Pessoas divinas aflui como que - de uma fonte - o conjunto da criação. Assim a Trindade em seu excesso de amor ou caridade cria todas as coisas para manifestar a sua glória e as põe no início da história da salvação.

O doutor sutil Duns Escoto pensa a dignidade de toda criação à luz da centralidade de Cristo no plano do amor livre e gratuito estabelecido e executado por Deus. Tal plano idealizado por Deus é amplo, complexo e rico de pormenores. Neste plano é incluída a participação de toda criatura:

"Em primeiro lugar, Deus se contempla como Bem absoluto; em segundo lugar, vê todas as criaturas; em terceiro momento, predestina à graça e à glória..."[41].

O plano de Deus se dá de modo racionalíssimo e ordenadíssimo. Porque deseja tudo em perfeita ordem, projeta e realiza o desenvolvimento segundo uma hierarquia

---

[41] Cf. ESCOTO. Ox. III, d. 19, q. um., n. 6 (XIV 717), nota 68, in: *La Estetica Del crisocentrismo en Juan Duns Escoto*, in: MERINO, J.A.- FRENESDA, F. M. (org.). p. 496-497. Para a compreensão da antropologia em Duns Escoto confira também: VEUTHEY, Léon. *Jean Duns Scot*, Paris, Ed. Franciscaines, 1967, p. 77-102.

de prioridades. Na ordem da intenção, em primeiro lugar está Cristo homem-Deus, depois as criaturas e entre elas os seres humanos de modo especial; depois prevê o pecado e idealiza o redentor na mesma obra da encarnação. Na ordem histórica da execução desse plano, vem em primeiro a criação, e por fim como meta Cristo.

Para Duns Escoto, o cristocentrismo é a chave de compreensão do sentido da existência e da finalidade da criação. Deus é amor por essência, afirma. Por isso, desejou criar com amor absolutamente livre e gratuito outros seres, fora de Si, para fazê-los co-participantes do seu amor, isto é, co-amantes, parceiros na realização de sua bondade.

Segundo esse plano sumamente racional e ordenado quis estabelecer um diálogo de integração e comunhão com as criaturas por Ele ideadas e predestinadas, unindo o finito com o infinito, a criatura com o criador, homem e Deus.

A realização de tal plano acontece necessária e absolutamente mediante Cristo na união hipostática que une a humanidade à divindade; o necessário ao contingente; o eterno ao temporal na Pessoa de Cristo. Neste sentido, mediante a encarnação se torna possível essa integração que Deus quer realizar.

Por conseguinte, o mistério da Paixão é o coroamento da encarnação. Máxima manifestação do amor de Deus. Mediante os méritos de Cristo no mistério de sua encarnação e na oferta livre e gratuita de sua vida na paixão e na cruz, Deus pode realizar a reconciliação e a recapitulação de todas as coisas.

Segundo a sua doutrina da individuação, Escoto postula o valor da realidade individual de cada coisa criada. S. Francisco tinha uma relação pessoal com todas as criaturas. Por isso, se dirigia a cada uma delas em sua individualidade, chamando-as de irmão Antônio, irmão corpo, irmão sol, irmã água, etc. Com efeito, para ele cada coisa criada em suas qualidades próprias e individuais assemelha-se a Deus e tem o seu valor sagrado.

Aprofundando essa intuição, Escoto compreende que a dignidade das criaturas não está em definições abstratas ou genéricas, mas na sua individualidade real e única. Por exemplo, a criatura não se define pelo gênero de masculino ou feminino, alemão ou brasileiro, vegetal ou animal, etc., mas pela sua individualidade que lhe é própria: Este é "Paulo" e não aquele; ou esta é "Maria" e não aquela; isto é um pato e não um cisne, etc..

Por sua vez, essa realidade individual foi associada à natureza humana de Jesus, homem completo e perfeito, segundo a vontade de Deus. Na união hipostática da criatura Jesus de Nazaré com o Verbo eterno, Cristo assume não somente a humanidade, mas a integridade individual e singular de todas as criaturas.

Deste modo, os direitos das criaturas são determinados não através de evolução meramente natural, mas pela existência original, singular e irrepetível do homem Jesus unido hipostaticamente à natureza do Verbo[42]. Nessa relação não há oposição nem destruição de uma natureza em relação à outra, mas indissolúvel unidade e integração. Segundo a vontade de Deus todas as criaturas co-existem e se relacionam com a primazia da natureza humana de Cristo.

A criação tem o seu valor porque referida ontologicamente a Cristo, homem-Deus. Tudo foi criado em Cristo segundo o Novo Testamento. Cristo é o único fundamento e princípio de toda criação.

Neste sentido entendemos a Escritura quando chama a Cristo de "primogênito de toda criatura"[43]. Jesus não é somente o último, mas o "primeiro" na produção de uma série. Isto quer dizer que em sua individualidade, singular e única, Cristo-homem é o modelo ou exemplar de toda criatura. Portanto, as criaturas em sua individualidade existencial encontram somente em Jesus a verdade de sua existência e a medida de seu ser.

No plano de Deus, Cristo é o supremo mediador universal pelo qual e para o qual tudo é querido, amado, criado e glorificado por Deus. É por causa dos seus méritos que tudo é criado e re-conduzido à glória de Deus.

Na glorificação de seu corpo, todo universo está imbuído de sua presença dinâmica e vital e, por conseguinte, tudo naturalmente tende para o ponto "Ômega", isto é, Cristo - a síntese e o ponto máximo para o qual converge o universo. Com efeito, cada criatura não existe por acaso, nem se reduz a uma forma bruta, mas existe em ordem a Cristo, Verbo encarnado. O cosmos participa do dinamismo vital desse ponto Omega de convergência e acabamento definitivo.

Neste sentido, reconhecemos nas criaturas uma "sacralidade" e "preciosidade", quer dizer, a dignidade própria de sua existência porque apontam para o mistério de Cristo; são incorporados ao seu Corpo cósmico; e, por conseguinte, participam também de seu Corpo místico que é a Igreja onde o próprio Cristo é a sua cabeça.

---

[42] MULHOLLAND, *Seamus. Duns Scotus as a Basis for a Franciscan Environmental Theology*. pp. 1-3. http://pt.calameo.com/books/00057074720a660f28fd4.
[43] Cl 1,15.

Esse Corpo Místico de Cristo em sua plenitude tudo afeta com a sua presença e atuação.

7. Visão franciscana do homem.

Depois dessas considerações sobre o significado teológico da criação passamos agora à visão franciscana do ser humano. Seguindo as intuições do seu fundador, a teologia franciscana faz uma leitura bíblica, metafísica e teológica positiva da pessoa humana em sua corporeidade e espiritualidade.

O homem é compreendido como um todo plural em seu corpo e em sua alma com profunda implicação e convergência mútua. O corpo material por sua vez não é uma realidade negativa nem tampouco cárcere da alma como postula filosofia platônica, mas obra de Deus. Deste modo, o corpo é bom porque criado por Deus. O homem não existe somente em sua alma ou somente em função dela, mas segundo o pensar franciscano, o homem na unidade e na inter-relação do corpo com a alma é "imagem de Deus". O ser humano em sua realidade total e pluralidade integral têm a sua nobreza e dignidade.

S. Francisco exorta à dignidade do homem criado à imagem e à semelhança do Filho:

"Considera, ó homem, em que grande excelência te pôs o Senhor Deus, porque te criou e formou à imagem de seu dileto Filho segundo o corpo e à sua semelhança segundo o espírito (cf. Gn 1,26)[44]*".*

Segundo o Pai seráfico, o homem é compreendido em sua relação com o Verbo encarnado e a criação. O corpo e alma têm a sua grandeza e dignidade porque modelados a imagem e semelhança do Verbo encarnado na indissolúvel unidade de sua divindade e humanidade.

Para S. Francisco a criação e a encarnação estão ligadas entre si de modo que considera o ser humano não somente em sua dimensão espiritual, mas também corporal. Na obra da encarnação, Cristo não somente assumiu a criação, mas lhe conferiu valor e nobreza.

A Trindade criou todas as coisas corporais e espirituais. E segundo a Escritura tudo o que Deus fez é bom. Neste sentido, o corpo material é bom porque criado por

---

[44] Adm. c. 5 n. 1.

Deus. Nem mesmo o pecado original destruiu a dignidade desse corpo humano[45]. Todavia, o Verbo assumindo a sua imperfeição e fragilidade, assemelhou-se a nós para nos reconduzir ao Pai.

Ao contrário dos movimentos pauperísticos e ascéticos de seu tempo como os valdenses e cátaros que desprezavam o corpo material, considerando-o como motivo de pecado e perdição, s. Francisco tem uma visão muito positiva do corpo humano. Ele o chama de meu "irmão corpo" porque nele percebe não somente a obra de Deus e a imagem do Verbo, mas igualmente mediação pelo qual em união com as criaturas nos elevamos a Deus. Através do corpo nos encontramos com o Senhor. Também através do corpo sentimos a doçura da conversão[46]. O corpo não se opõe ao transcendente e aos valores espirituais, mas é abertura e caminho que nos leva a Deus.

Na antropologia de s. Francisco não há dualismos, nem condenação da matéria visto que o pecado não está na corporeidade, mas na interioridade humana que pode livremente fazer do corpo um instrumento de pecado. O único dualismo para s. Francisco é a tensão que há no homem entre a sua fraqueza e a fortaleza do Espírito Santo. A fraqueza humana pode levar ao pecado enquanto a força do Espírito leva à graça e à salvação.

Portanto, para Francisco o homem é "imagem de Deus em Cristo" na unidade de seu corpo e alma. Ambas as naturezas não se contrapõem, mas ontologicamente estão unidas seja como obra de Deus ou como realidade pecadora[47].

Na esteira da antropologia de s. Francisco, s. Boaventura afirma que não há antagonismo entre corpo e alma, mas continuidade, mútua convergência e complementariedade[48]. O ser humano é essencialmente e estruturalmente espírito e matéria, corpo e alma unidos entre si. Corpo e alma são duas perfeições distintas e complementares. O corpo tende à alma e a receber da mesma a sua perfeição última e específica. Por sua vez, a alma deseja comunicar a sua própria perfeição ao corpo. Há entre ambos uma relação dinâmica de mútua e perfeita interação. Igualmente, são eles os responsáveis pela perfeição do homem.

---

[45] ZAVALLONI, Roberto. *"Corporeità" nel pensiero francescano*, in: Antonianum. Roma, n. 66,1991, pp. 540-542.
[46] Test 2.
[47] Ibid., 540.
[48] Ibid., 548.

Entre todas as criaturas o ser humano tem um grau de valor e dignidade maior porque reflete ao mesmo tempo Deus e o mundo[49]. Constituído em sua unidade de corpo e alma é o ponto de integração entre finito e infinito, imanente e transcendente, o eterno e o temporal. Ele é essencialmente imagem de Deus e também a síntese mais perfeita do universo. S. Boaventura o chama de "microcosmos"[50], porque nele está presente todos os elementos da criação. Daí resulta que o homem se encontre no centro e constitua a finalidade do universo.

Diz o santo doutor franciscano que por causa do pecado de Adão, o homem não perdeu a dignidade de sua imagem, mas a semelhança com Deus. Ele se tornou ao mesmo tempo um misto humano de miséria e grandeza. Mesmo com o pecado continua sendo grande, embora não esteja completa a grandeza de sua dignidade e perfeição. Falta-lhe ainda a realização de sua vocação. Entretanto, diante dessa sua realidade pobre e carente tem consciência de que pode novamente re-haver pela graça essa outra dimensão da dignidade perdida. Redimido por Cristo, o Verbo encarnado, e adornado com os dons do Espírito Santo, o homem é reformado de modo a recuperar a sua semelhança divina e recriado à imagem de Cristo, homem Novo[51].

Segundo s. Boaventura o homem é existência peregrina, isto é, "homo viator"[52], está a caminho, nasce para tornar-se deiforme. É criado para a eternidade. Ele não é um estado, mas um processo. Ele é alguém continuamente insatisfeito consigo e com as coisas mutáveis e passageiras. Por isso anseia pelo absoluto e infinito. Neste sentido, a alma é estrutura humana que tende a conduzir o corpo à perfeição; é abertura ao sobrenatural. Pela alma o homem transcende este mundo e deseja a imortalidade.

Por sua vez, o corpo material é a obra prima do universo. É acesso à criação; possibilidade de relação com as criaturas. Pelo corpo participa dos limites impostos pela natureza. Está sujeito ao tempo e ao espaço. Esse corpo criado por Deus é bom. Por ele toda criação tende a ser recapitulada e reconciliada com Deus. Com efeito, somente através do corpo pode o homem se relacionar com Deus e com as criaturas.

---

[49] MERINO, José Antonio. *Storia della Filosofia Francescana*, trad. ital., Milano, ed. Biblioteca Francescana, 1993, pp. 89-90.
[50] Itin 2,3. BONAVENTURA, *Opere di san Bonaventura*. Opusculi teologici/1, Roma: Città Nuova, 1993, p. 517.
[51] MERINO, J. A. *Storia della Filosofia Francescana*, p. 102.
[52] ZAVALLONI, Roberto. pp. 548 - 549; 552; MERINO, J. A. p. 139.

Em suma, em sua corporeidade, o homem é pessoa e, por conseguinte, em seu corpo, o homem é essencialmente "relação"[53]. Ele é um ser em relação porque está sempre a interagir com Deus e com os outros e com as demais criaturas. Para s. Boaventura, ao contrário da filosofia grega, a "relação" não é algo de acidental, mas um constitutivo essencial do homem como pessoa[54].

Concluindo podemos dizer que a visão do homem em s. Boaventura é dinâmica, relacional e integral, resultado de sua experiência de fé à luz da espiritualidade franciscana. Todo e qualquer dualismo lhe é estranho.

Para Duns Escoto o homem é um ser complexo por causa dos elementos que lhe compõe e unitário porque realidade integrada em unidade estrutural. Seguindo a lógica do hilemorfismo aristotélico concebe o ser humano como um composto onde a alma (forma) está em relação com o corpo (matéria)[55].

A dignidade do homem consiste nesse composto formado de corpo e alma. Ele é pessoa, quer dizer, realidade singular, concreta. Um ser em relação, inserido no mundo e aberto à transcendência. A antropologia escotiana não é espiritualista, não fixada somente na alma ou em função ou em dependência da mesma. Escoto tem ao contrário visão integral, global e integrada da realidade humana e um otimismo em relação à matéria seguindo o pensamento característico da escola franciscana[56].

Como reflexo de sua doutrina cristocêntrica concebe o homem como liberdade singular em relação dialogal, realidade prevista, amada e querida por Deus, assumida na união hipostática para dar glória ao Criador. Ele é mistério de conhecimento e ação, autonomia e relação mútua; ser universal e particular em sua concretude.

A grandeza do homem segundo o doutor sutil se apresenta à luz da centralidade de Cristo na criação. O Verbo feito carne é o centro e o vértice para o qual convergem todas as criaturas e pelo qual na união hipostática do Verbo eterno com a criatura humana resultou na radical conciliação de todos os extremos: tempo e eternidade; espaço e imensidade; contingente e necessário, finito e infinito[57]. Com efeito, o homem no Verbo encarnado em seu ser corpóreo e incorpóreo é a "imagem do universo". E somente mediante ele toda criatura é ordenada a participar da glória de Deus.

---

[53] ZAVALLONI, R. p. 548;
[54] RESTREPO, Daniel Herrera. *La Personalidad como fin de la Persona* In: II Congreso Internacional de Pedagogia de la reeducación. Medellín: 2000, p. 7.
[55] MERINO, J. A., pp. 291-92.
[56] Ibid. pp. 291-92.
[57] ZAVALLONI, R. pp. 557.

Ele é "ultima solitudo"[58] – o homem como pessoa não é solidão individualista, mas existência concreta e singular livre de qualquer coação – autonomia que lhe permite se abrir e se lançar a Deus e aos outros, liberdade não fechada em si, mas solidária com os demais.

Na concepção do ser humano, a teologia franciscana não tem uma tonalidade essencialista, mas real e valorativa. Ela pensa o indivíduo em sua distinção real e, por conseguinte, à luz da S. Escritura procura aprofundar o seu valor e sua característica existencial de ser em projeto[59]. Este homem é um ser religioso, peregrino neste mundo, aberto ao transcendente e inserido na Comunidade eclesial.

8. Visão franciscana da Igreja

Na eclesiologia Francisco tem uma compreensão toda própria e particular muito diferente dos movimentos pauperísticos de sua época[60]. Enquanto esses movimentos interpretam de forma dualista e maniqueísta a realidade da Igreja, considerando-a mais em seu lado divino e perfeito do que humano, s. Francisco experimenta a presença de Cristo no espaço sagrado da Igreja. Francisco considera o templo, o clero, os objetos litúrgicos, a liturgia, a Bíblia, as palavras de Deus, os teólogos de modo sacramental e místico. Porque simbolicamente tudo recorda e remete à presença de Cristo.

Ele enfatiza a obediência ao Papa, aos bispos e demais sacerdotes, porque vê neles a ação do Cristo sacerdote. Não interessa saber o tamanho dos seus pecados, mas unicamente a presença do Senhor que neles celebra e se oferta a Si mesmo por amor a nós. Francisco tem uma visão eclesiológica "sacramental"[61] que lhe permite compreender a Igreja não de forma isolada ou dualista, mas integrada em seu conjunto seja material e espiritual, divino e humana, interior e exterior. É na Igreja pela ação do Espírito Santo que ele encontra na realidade das estruturas humanas, o seu Senhor como mestre, pastor e guia.

Essa visão vai também influenciar os grandes mestres medievais como Alexandre de Hales, Duns Escoto e de modo especial são Boaventura que não dedica

---

[58] MERINO, J. A. pp. 291-92.
[59] RESTREPO, D. H. la personalidad como fin de la persona, p. 7.
[60] Cf. POMPEI, Alfonso, Eclesiología franciscana, in: MERINO, J. A. - FRENESDA, F. M. (Org.) *Manual de Teología Franciscana*, pp.199-201.
[61] Ibid.

um tratado de eclesiologia "De Ecclesia", mas que com maior clareza, riqueza e profundidade reflete o tema numa visão místico-sacramental.

Os mestres franciscanos medievais e, de modo particular, são Boaventura preferem aprofundar o mistério da Igreja usando a imagem paulina de "Corpo Místico". Cristo é a Cabeça (caput) formando uma só coisa com a Igreja (o seu Corpo), extensão visível de sua presença e ação no mundo. Como cabeça, ele tem lugar central e vital na Comunidade eclesial[62].

De modo particular, s. Boaventura acentua a relação profunda entre Cristo e a Igreja como conseqüência imediata da condescendência do amor de Deus no mistério da encarnação.

A Igreja é como que o prolongamento do "mistério da piedade"[63]. Tal mistério tem a sua raiz na condescendência da Trindade que se manifestou na encarnação do Verbo. Deus em seu excesso de amor e misericórdia desceu do céu, se abaixou, se despojou de sua riqueza divina, se fez homem pobre, servo e humilde. Este amor condescendente para conosco se revelou de forma plena na paixão e morte de cruz. Com efeito, o Filho eterno assumido radicalmente a nossa pobreza, revelou-nos a face do Pai celeste e a sua intenção livre e gratuita para com a humanidade. Cristo tocou no mais profundo da realidade humana.

Realizando esse gesto, Ele se tornou sacramento da piedade, isto é, sinal corporal pelo qual Deus opera nossa redenção e santificação. Tal mistério da piedade que de modo nenhum é um mero pietismo, mas expressão profunda da compaixão, bondade e amor humilde de Deus que se põe no patamar de nossa natureza para entrar em diálogo salvífico conosco se estrutura e continua na história mediante a Igreja e os seus sacramentos e de modo especial no sacramento da Eucaristia.

Neste sentido se pode dizer que tanto a Igreja como cada fiel em particular continuam no cultivo das virtudes e através das mediações sacramentais esse movimento de abaixamento da graça resultante da atitude de piedade do Filho de Deus. Com efeito, a Igreja é o lugar onde se cresce na solidariedade fraterna. Nela participamos de uma família, onde Deus é Pai e a Igreja é a nossa mãe. Neste sentido, somos irmãos entre si. A Igreja é o espaço da vivência da caridade fraterna, seguindo o modelo da Trindade.

---

[62] Ibid.

[63] Ibid. pp. 219 - 221; De donis, coll. III, n. 12 e 13, in: *Opere di San Bonaventura. Sermoni Teiologici/2*. Roma: Città Nuova, 1995, pp. 175-177.

S. Boaventura também fala em linguagem figurativa da Igreja como "Coração" (cor unicum). Cristo é o único "Coração da Igreja"[64]. Assim como o coração para o corpo humano, Cristo tem uma função vital e central no organismo vivo da Igreja. Como um membro em meio a tantos outros, o seu "coração traspassado pela lança" flui a vida sobrenatural mediante o dom do seu Espírito Santo. Neste sentido, Ele (Cristo) não somente preside mediante a sua hierarquia visível na terra, mas lhe concede a graça que sustenta e anima todo o seu corpo eclesial.

Cristo Cabeça funda e sustenta sobrenaturalmente na caridade a unidade e a solidariedade entre todos e cada um dos membros da Igreja. Há também o intercambio e a mútua ajuda entre Igreja militante ou peregrina (os fiéis que estão a caminho da Pátria celeste), Igreja em purificação (aqueles que ainda completam a sua santificação) e Igreja triunfante ou Jerusalém celeste (dos bem-aventurados no céu). Essa realidade se expressa sacramentalmente e de forma mais perfeita no Sacramento da Eucaristia[65].

A missão do Espírito Santo é muito relevante porque cria o vínculo de caridade que sustenta, conserva e faz crescer a integração e a beleza entre a realidade jurídico-social e sacramental; entre hierarquia e fiéis leigos; entre os ministérios; entre Cristo-cabeça e a Igreja, entre o Esposo e a Esposa.

S. Boaventura mesmo sem usar essa expressão considera o Espírito Santo a "alma da Igreja". Porque é Ele quem suscita a diferença e a variedade multiforme dos dons e carismas e que age animando e revigorando cada fiel e a Igreja como um todo. Em última análise, a pneumatologia na eclesiologia de são Boaventura fundamenta e ressalta o valor de cada fiel leigo no seguimento a Cristo na Igreja[66].

A Igreja pela ação do Espírito Santo que atua tanto na Cabeça como em seus membros se apresenta no mundo como organismo eclesial vivo, ministerial e dinâmico que em ordem harmoniosa se distribui em multiformes serviços, dons e estados de perfeição. Todos eles são canais ou ramos distribuidores da graça salvífica que em visão vertical tem a sua origem do alto ou de cima, ou seja, de Cristo, "supremo hierarca"[67] que passando por sua cabeça visível, o sumo pontífice, sinal de unidade da Igreja militante, se reparte até chegar aos ministérios menores. Entretanto,

---

[64] Ibid. pp. 226-27.

[65] GERKEN, A. *La Théologie du Verbe, trad. franc.* Paris: éditions franciscaines, 1970, pp. 372-373.

[66] MERINO, J. A. - FRENESDA, F. M. (org.), p. 126.

[67] Ibid., p. 223; GERKEN, A. pp. 332-338.

todos os ministérios do maior ao menor ou do menor ao maior são importantes e necessários para o bem da Igreja e sua missão no mundo.

Entre outros ministérios temos a "hierarquia" ministerial que é um sinal visível da influência invisível de Cristo-Cabeça sobre o seu Corpo eclesial[68]. A Igreja recebeu esse poder em vista da continuação da missão de Cristo de presidir e regular as relações entre os fiéis e a administração dos sacramentos. A hierarquia é a visibilização na terra do Cristo que é Cabeça da Igreja, Corpo e esposa de Cristo. Na Igreja em harmoniosa organização, a hierarquia recebeu o poder sagrado, mediante o sacramento da Ordem, poder de ordem e jurisdição em ordem ao próprio bem da Igreja.

No cume dessa hierarquia da Igreja militante está o Papa que exercendo a sua função para o bem de toda Comunidade eclesial tem a primazia e o poder pleno de governo segundo o direito[69]. A partir dele se ordena todo poder ministerial na Igreja. O Papa é o pai dos pais e de todo povo fiel.

Entretanto, a dignidade de seu poder não está no status da posição social, mas na função e missão de seu ofício na ordem da caridade que deve ser regulada e disciplinada em confronto com o exemplo de Cristo, fonte do mistério da piedade. Todo prelado ou superior responsável pelos seus súditos ou rebanho deve exercer o seu governo em espírito de piedade, ou seja, na humildade, paciência e caridade fraterna.

Essa lógica da piedade deve estar primeiramente nos ministros da hierarquia e depois no povo. Todos devem tomar consciência de que são irmãos porque gerados pelo Espírito Santo no seio de uma mesma mãe, isto é, a Igreja. E somos filhos de um mesmo Pai. Formamos um só corpo e somos nutridos por um mesmo pão. Recebemos uma mesma herança. Neste sentido, devemos examinar a prática de nossa solidariedade fraterna porque sobrenaturalmente participamos de uma única e comum família de Deus[70].

Além disso, para o seráfico doutor, a hierarquia não supre e nem exclui a participação do fiel leigo, mas regula e transmite a graça de Cristo que lhe foi confiada em vista do serviço que deve ser prestado por todos os membros do Corpo eclesial. Certamente que conforme contexto medieval de são Boaventura a função

---

[68] Ibid. pp. 223 -224.
[69] Ibid., 236.
[70] BONAVENTURA. De Donis III, n. 13 e 14, in: *Opere di San Bonaventura*, Sermoni Teologici/2, t. VI/2, p. 177.

eclesial do leigo não é reconhecida juridicamente. E, por conseguinte, somente ao clero é confiada a administração dos sacramentos. Porém, por causa de sua vocação cristã e em virtude do Espírito Santo que difunde a todos os seus dons, o fiel leigo tem a sua função especial voltada para o mundo. Eles são chamados segundo a sua ordem na graduação hierárquica a edificar ao Reino de Deus conforme sua função e estado secular.

Essa Igreja segundo s. Boaventura tem profunda relação com a Trindade[71]. A Igreja, Corpo de Cristo existe e atua na relação histórico-salvífica com a Pessoa do Pai, do Filho e do Espírito Santo. No Pai se encontra a origem e fim da vida eclesial, no Filho o meio ou o coração e a cabeça e no Espírito Santo a graça que anima, sustenta e consuma em plenitude toda Igreja. O doutor seráfico acentua a participação de cada Pessoa divina na realização do mistério da Igreja. Cada uma delas, conforme as suas propriedades pessoais, em profunda compenetração pericorética, imprimem à Igreja as marcas de sua graça e presença. Assim na teologia franciscana, a Igreja é a Comunidade estruturada na presença e comunhão da Trindade. A Trindade é a fonte da vida, da graça e da ordem na Igreja.

9. Compreensão dos sacramentos

A teologia franciscana aprofunda visão sacramental centrada na encarnação do Verbo. S. Francisco cultiva como vimos anteriormente uma visão ampla da sacramentalidade. Não somente os sete sacramentos, mas todo o conjunto visível da instituição eclesial – templos, sacerdotes, liturgia, evangelhos, teólogos, palavras escritas, etc. recordam e remetem à presença do Cristo.

Com efeito, o Verbo se manifesta na pobreza e na carência das mediações humanas. Essa idéia se opõe radicalmente à doutrina dos cátaros e valdenses, movimentos pauperísticos, que com a sua mentalidade maniqueísta e dualista negavam as realidades temporais da Igreja, a instituição eclesial e os sacramentos. Francisco ao contrário cultiva uma estima, veneração e devoção aos sacramentos e exorta aos irmãos à prática da autêntica catolicidade na recepção dos sacramentos[72].

---

[71] Essa compreensão trinitária da Igreja está difusa em muitas de suas obras especialmente no Hexaëmeron (os seis dias da criação), última obra escrita que expõe em linguagem mística e simbólica a relação entre as Pessoas divinas, a história e os ministérios e carismas da Igreja. Cf. BUENAVENTURA. Hex. coll. 22, n. 5- 23, in: *Obras de San Buenaventura*, t. III, Madrid: BAC, 1947, pp. 609 – 621.

[72] RNB, c. 19, n. 1: "*Todos os frades sejam católicos, vivam e falem catolicamente";* XX, n. 1: "*E meus frades benditos, tanto clérigos como leigos, confessem seus pecados a sacerdotes de nossa religião".*

De todos os sacramentos, Francisco tem uma estima toda especial e central à Eucaristia[73]. O Pai seráfico contempla o mistério do Verbo encarnado no seio da Virgem que se prolonga na humildade do pão e do vinho consagrado que se torna na celebração eucarística o Corpo e o Sangue do Senhor. A razão de tanta devoção para com a Eucaristia se justifica aos olhos do santo Pai porque muito expressa a "condescendência" de Deus para conosco; o seu gesto de amor e misericórdia que continuamente está a se doar e a se entregar para nossa salvação em sinal de pobreza e humildade.

"Pasme o homem todo, estremeça a terra inteira, rejubile o céu em altas vozes quando, sobre o altar, estiver nas mãos do sacerdote o Cristo, Filho de Deus vivo! Ó grandeza maravilhosa, ó admirável condescendência! A humildade sublime, ó humilde sublimidade! O Senhor do universo, Deus e Filho de Deus, se humilha a ponto de se esconder, para nosso bem, na modesta aparência do pão. Vede, Irmãos, que humildade a de Deus! Derramai ante Ele os vossos corações (Sl 61,9)! Humilhai-vos para que Ele vos exalte (lPd 5,6)! Portanto, nada de vós retenhais para vós mesmos, para que totalmente vos receba quem totalmente se vos dá![74]"

Outrora como os Apóstolos segundo à luz da fé reconheceram a presença do Senhor em sua carne mortal e concebido no seio da Virgem Maria, hoje nós somos convidados a imitar os Apóstolos para crer que o Senhor se faz presente em sua divindade e humanidade nas aparências do pão e do vinho no sacramento do seu Corpo e Sangue.

Com efeito, essa realidade sacramental da Eucaristia deve criar conseqüentemente uma relação de comunhão e de fraternidade entre os irmãos na medida em que comungam dignamente, se unem devotamente ao Senhor em sua paixão e imitam o seu gesto de amor na oferta de seu sacrifício. Para s. Francisco a Eucaristia é a memória viva e atuante de sua presença amorosa para conosco ou ainda comemoração do seu amor que se torna símbolo da unidade e do amor fraterno[75].

Por outro lado, não somente a Eucaristia, mas também "as santíssimas palavras de Deus" (verba sanctissima Domini) ou as "palavras odoríficas do Senhor"

RB c. 2, n. 2: [daqueles que querem ingressar na Ordem]. *"Mas os ministros examinem-nos diligentemente sobre a fé católica e os sacramentos da Igreja".*

[73] Cf. excelente estudo sobre o sacramento da Eucaristia em s. Francisco de Assis: KHANK, N. Van. *Le Christ dans la pensée de saint François d'Assis d'aprés ses écrits,* Paris: ed. franciscaines, 1989, pp. 227-258.

[74] Carta a toda a Ordem (CO), Fontes Franciscanas, Procasp, n. 26.

[75] NOBERT, Nguyên Van Khanh, p. 213-215.

(odorifica verba Domini) são sinais da presença sacramental de Cristo[76]. Essas palavras do Senhor que S. Francisco se refere não somente à Escritura Sagrada, mas também às palavras sacramentais da consagração Eucarística; aos escritos litúrgicos que contém as fórmulas dos sacramentos, às orações e bênçãos (em particular as palavras da Escritura); e às palavras da pregação da Igreja proferida ora pelos pregadores ou pelos teólogos. Trata-se das várias formas concretas da transmissão da Palavra de Deus segundo S. Francisco. Nelas o santo Pai discerne uma presença viva e vivificante. São palavras que comunicam espírito e vida. São ao mesmo tempo palavras da Trindade. Por conseguinte, toda vez que fala em seus escritos do sacramento do Corpo e do Sangue de Cristo, fala também de suas santíssimas palavras.

Ao lado da Eucaristia e são igualmente sacramento. Porque para Francisco Cristo está presente "corporalmente", isto é, realmente e sacramentalmente não somente na Eucaristia, mas ainda nas palavras de Deus. Essas palavras são sinais da presença corporal do Filho de Deus. No anúncio dessas palavras do Senhor, Cristo vem ao encontro dos fiéis para alimentá-los.

Assim toda vez que os fiéis escutam e acolhem essas palavras participam também de um banquete onde próprio Senhor nos sinais das palavras humanas da pregação da Igreja se lhes dá amorosamente como alimento de Vida eterna. A Eucaristia está intimamente e indissoluvelmente unida às palavras de Deus porque pelo poder da graça da palavra se realiza a Eucaristia. É pela palavra que realiza os sacramentos e, por conseqüência, a presença real do Senhor. Em última análise, as palavras divinas e a Eucaristia são dois aspectos essenciais ou as duas mesas que prolongam e visibilizam hoje o mistério da encarnação[77].

Os teólogos da escola franciscana como, por exemplo, s. Boaventura e Duns Escoto aprofundaram em linguagem escolástica essa visão franciscana da teologia dos sacramentos. De modo original no trabalho de suas fontes retomam as intuições do Poverello de Assis, cuja linguagem simbólica, mística e sacramental está centrada na devoção e meditação do mistério da encarnação.

---

[76] NOBERT, Nguyên Van khanh, p. 225 -258.
[77] Ibid. p. 258.

S. Boaventura concebe os sacramentos da Igreja a luz da história da salvação[78]. Os sacramentos atuam como um contínuo desenvolvimento histórico-salvífico da ação de Deus que progressivamente se manifesta até chegar a sua plenitude em Jesus Cristo. Essa manifestação progressiva tem início no Antigo Testamento com a caminhada do povo de Israel através da celebração de sacrifícios e oblações.

Essas expressões do culto em Israel receberam o seu acabamento no Novo Testamento. Esse progresso também se dá nos fatos da história de Israel: o dilúvio, a passagem pelo mar vermelho, etc. Esses acontecimentos foram revividos sacramentalmente pelo povo – procissão pelas águas do rio Jordão, aspersão, a circuncisão, etc. S. Boaventura percebia nesses sinais sacramentais do A. Testamento certa preparação para os sacramentos do Novo Testamento que são os sacramentos de Cristo e da Igreja.

Segundo o doutor seráfico essas duas realidades sacramentais estão intimamente unidas. Após a morte e ressurreição de Jesus a função salvífica dos sacramentos continuou pelos séculos com o advento da Igreja, Corpo Místico de Cristo. Do lado adormecido de Cristo na cruz nasceu a Igreja e, por conseguinte, a ação salvífica da Trindade nos sinais sacramentais ao longo da história.

Com efeito, os sacramentos têm a sua fonte e origem em Cristo, Verbo encarnado e crucificado, Deus invisível em uma natureza visível. Os sacramentos do Novo Testamento aperfeiçoam e superam aqueles do Antigo Testamento, continuando a ação salvífica da mediação do Verbo no tempo. A ação salvífica do Senhor hoje se dá nos sacramentos da Igreja, também chamados por ele de "vasos e causa da graça"[79], "sacramentos do tempo da Nova Lei"[80], "remédios medicinais"[81].

Na história da salvação, os sacramentos da Nova Aliança exercem uma função terapêutica e medicinal, cujo objetivo é curar e restituir a saúde interior e espiritual ao homem enfermo por causa do pecado. Deste modo, o doente ou pecador pela ação reparadora ou curativa da graça de Cristo, o mais excelente Médico, recebe a saúde pela aplicação dos remédios sacramentais[82].

Para d. Boaventura

---

[78] LORENZIN, Tiziano. *Storia della Salvezza e sacramenti della fede,* in S. Bonaventura, VV. AA. *Teologia e filosofia nel pensiero di S. Bonaventura.* Brescia: Morcelliana, 1974, pp. 57-59.
[79] BONAVENTURA. Brev. p. VI, c. 1 in: *Opere di san bonaventura,* op. cit. p. 247.
[80] Ibid.
[81] Ibid. Brev. p. VI, c. 1, p. 246; c. 2, p. 249.
[82] Ibid. Brev. p. VI, 2, p. 249.

"os sacramentos são sinais sensíveis instituídos divinamente como medicamentos pelos quais 'sob o véu das realidades sensíveis, a divina virtude opera secretamente...'"[83].

Os sacramentos são "sinais sensíveis", visíveis, palpáveis captados pelos sentidos e eficazes porque Cristo deles se utiliza para sanar e redimir o homem. Os sinais realizam aquilo que significam. E por instituição divina conferem a graça santificante mediante o Espírito Santo, cuja missão segue a do Verbo encarnado[84]. Além de sua finalidade terapêutica, os sacramentos fortificam, levantam e renovam; incorporam à Igreja; criam e fortalecem o vinculo da caridade.

O seráfico doutor acentua claramente a profunda relação entre Igreja e sacramentos. Tal relação denota a ligação entre Cristo e a Igreja. Cristo como Cabeça e principio exerce sobre toda Igreja influência em sentidos e movimentos comunicando-lhe a graça. Na condição de homem e Deus é doador da graça do Espírito Santo. Com efeito, a multiforme atuação salvífica de Cristo na e pela Igreja mediante os sacramentos torna os homens semelhantes a Ele e membros de seu Corpo. Assim se pode notar porque toda ação de Cristo mediante os sacramentos manifestam e fazem a Igreja. Para ele, a Igreja é uma sociedade fundada, constituída, edificada e santificada mediante a fé e os sacramentos da fé. Afirma o santo Doutor:

"Do lado de Cristo mana sangue e água e, por conseguinte, os sacramentos, dos quais fundam a Igreja"[85].

De fato, a Igreja administra os sacramentos, mas são os sacramentos que realizam e constroem a Igreja[86]. Os sacramentos criam um "vínculo de caridade" porque incorporam, produzem, reforçam e consolidam a Igreja, Corpo Místico, isto é, essa união e comunhão entre Cristo e os fiéis e dos fiéis entre si[87]. Entre os sacramentos, a Eucaristia expressa mais perfeitamente a dilatação desse vínculo da caridade. A graça dos sacramentos e de modo especial a Eucaristia também ajuda a criar na Igreja um espaço de doação, serviço e convivência fraterna.

Assim como para S. Francisco igualmente para S. Boaventura a Eucaristia tem um lugar todo especial e central em sua devoção, espiritualidade e reflexão teológica.

[83] Ibid. Brev. p. VI, c. 1. Id. p. 245.
[84] Ibid. p. 255-257.
[85] « *De latere Christi profluxerunt sanguis et aqua, et per consequens Sacramenta, de quibus fundatur Ecclesia* », citado por LORENZIN, Tiziano, *in : Storia della Salvezza e sacramenti della fede, in S. Bonaventura, VV. AA. Teologia e filosofia nel pensiero di S. Bonaventura, p. 61.*
[86] Ibid. p. 61-63.
[87] MERINO, J. A. - FRENESDA, F. M., Manual de Teología Franciscana. pp. 216-217.

Em alguns de seus opúsculos ressalta a dignidade e a grandeza da Eucaristia ao lado dos grandes feitos e fatos da ação salvífica de Deus na história.

Em primeiro lugar, S. Boaventura convida a contemplar no Sacramento a "memória"[88] do Senhor. Este nos deixou nesse Sacramento a memória de Si mesmo. Porque quis recordar o seu imenso amor e compaixão pelo qual nos amou e nos lavou de nossos pecados pelo seu sangue[42]. A Eucaristia é oblação pura, sacrifício da cruz; expressão máxima de seu amor para conosco. Em segundo lugar, o Sacramento da Eucaristia é memorial que nos recorda a paixão; é a memória da redenção. Essa memória é figurada em Êxodo 13, 3 - 8 na instituição do sacramento pascal. Assim como na ceia da Antiga Aliança recorda a libertação do povo do Egito, na Eucaristia se recorda a redenção do pecado e do inferno pela virtude da paixão. Em terceiro lugar, a Eucaristia é memorial de "doação" porque o Senhor nos concedeu alimento, que é figurado no "maná"[43]. O Senhor se nos dá como pão celeste, alimento de Vida eterna.

Nesse sacramento também contemplamos pela inteligência a memória de suas "maravilhas" operadas na consagração[89]. S. Boaventura fala da razão dessas maravilhas operadas e contidas no mistério da Eucaristia; se refere a doutrina tradicional da "transubstanciação". Deus nos deu o seu próprio Corpo oculto e velado nas espécies do pão e do vinho como alimento. O Senhor se oculta para suscitar em nós a fé. Por conseguinte, a inteligência da fé nos leva a contemplar a bondade e o poder de Deus na Eucaristia.

Igualmente nesse sacramento se contempla a "liberalidade divina"[90]. O Senhor "doador de todos os seus bens" se nos dá a Si mesmo gratuitamente. Dá-se a todos sem distinção sejam bons ou maus. Liberalmente se deixa tocar pelos pecadores. No mistério de sua encarnação, Cristo se nos deu de muitos modos:

1) como "irmão", fazendo-se semelhante a nós; 2) como companheiro em familiar relação conosco; 3) como mestre pela pregação ou ensino; 4) como luz através de exemplos e obras; 5) como sacrifício pela dívida que tinha que satisfazer na paixão.

---

[88] Cf. *"Deixou memória de suas maravillhas: misericordioso e compassivo é o Senhor: Deu alimento aos que o temem (Sl 110, 4-5)"*, cita S. Boaventura em sua obra "In Cena Del Señor", in: *Obras de São Boaventura* II, BAC, Madrid: BAC, 1967, p. 661-674.

[42] Ap. 1,5.

[43] Ex 16,32.

[89] Ibid. p. 665-674.

[90] Ibid. p. 676-677.

Entretanto, o último grau de sua forma de doação é aquele pelo qual Cristo se nos dá como nosso alimento na Eucaristia. Outrora na encarnação, Cristo se manifestou em forma de homem, na Eucaristia de forma divina ou Deiforme. Na história, o Senhor está liberalmente sempre a Si nos dá como alimento de salvação e hoje de forma sacramental continua a se doar na humildade da Eucaristia.

E, finalmente, para aqueles que comungam indignamente ou injustamente, o Senhor nesse Sacramento manifesta a sua justiça[91]. Admiravelmente, pois, se contempla na Eucaristia as maravilhas da ação da justiça de Deus na história contra aqueles que são ímpios, perversos e soberbos.

Diz ainda S. Boaventura que tal Sacramento é manjar eficaz contra o mal porque nos preserva do mal futuro, nos livra do mal presente e nos perdoa do mal cometido no passado.

Cristo, Verbo encarnado, que morreu e ressuscitou e foi glorificado no céu, continua a sua presença na Igreja mediante a Eucaristia que pelos sinais visíveis do pão e do vinho e pela graça do Espírito Santo se faz realmente presente e após a celebração litúrgica continua presente sacramentalmente e espiritualmente em seu Corpo e Sangue. Segundo a sua promessa na Eucaristia sua presença permanece conosco até ao final dos tempos[92].

Segundo o santo doutor franciscano tanto os sacerdotes que celebram como aqueles que recebem o Sacramento da Eucaristia recolhem o dom da graça que os purifica, os ilumina, os aperfeiçoa, os alimenta, os vivifica e os transforma de modo mais ardente amor no Cristo. Porque somos transformados naquele que recebemos.

"A sua carne imaculada se difunde em nós e nos une uns aos outros, nos transforma Nele por ardente caridade com a qual se nos dá"[93].

Todos aqueles que dignamente comungam do Corpo e do Sangue do Senhor, de modo sacramental e espiritual, na boca e no coração, mediante a fé e a caridade, são incorporados cada vez mais ao seu Corpo Místico. A Eucaristia realiza na caridade profunda comunhão com Cristo e dos homens entre si. Assim se pode dizer que a Eucaristia é sacramento de comunhão[94].

---

[91] Ibid. p. 674-680.
[92] BONAVENTURA. Brev. p. VI, c. 9, in: *Opere de San Bonaventura*, p. 277.
[93] Ibid.
[94] MAIO, M. T. *"Sacramento de la Eucaristia: Sacramento de comunión según San Buenaventura"*. Antonianum, Roma, n. 74, 2004, p. 3-43.

S. Boaventura foi um dos últimos teólogos medievais que conservou esse vínculo entre a Igreja e a Eucaristia desde então acentuada até o século XI[95]. A Eucaristia tem uma dimensão eclesiológica. Assim, segundo o doutor franciscano em seu universo eclesiológico, não se separa a Igreja da Eucaristia nem tampouco a Eucaristia da Igreja porque a Igreja é Igreja da Eucaristia. Através desse sacramento se opera a unidade e o crescimento eclesial na qualidade de "Corpus Mysticum".

Para S. Boaventura a Eucaristia porque fundada na encarnação está associada ao mistério trinitário. Tal sacramento contém toda ssma. Trindade. É por isso que ele chama a Eucaristia de "vaso da Trindade". Nesse manjar, afirma, está presente o Filho pela encarnação; o Pai e o Espírito Santo pela inseparável e indivisível comunicação de uma mesma substância[96]. A Eucaristia tem a sua fonte na Trindade, é obra da Trindade e dom de amor da Trindade.

Maria santíssima também está vinculada ao mistério da Eucaristia[97]. Esse pão que é o Corpo do Senhor é o mesmo que outrora foi concebido no seio da Virgem. Este Corpo hoje está no céu e ao mesmo tempo se oculta no Sacramento do Altar. Por isso, esse Manjar tão nobre tem a sua mais nobre origem em Maria. Daí a necessidade de sua intercessão para participarmos frutuosamente da Ceia do Senhor. É preciso invocar o patrocínio da bem-aventurada Virgem porque sem a sua mediação não se recebe dignamente a virtude desse Sacramento. Se por meio dela nos foi dado esse santíssimo Corpo assim também devemos recebê-lo de suas próprias mãos e por ela oferecido, sob as espécies sacramentais, Aquele que dela nasceu em seu seio virginal e que por ela nos foi doado. Portanto, assim como Maria foi mediadora de graças na encarnação também continua sendo hoje na recepção do Sacramento da Eucaristia.

Duns Escoto também aprofunda com devoção e inteligência sutil a doutrina dos sacramentos, considerando-a em sua relação com o mistério de Cristo e da Igreja.

O homem é chamado a participar da vida divina, porém não pode fazê-lo naturalmente, mas ajudado por Deus mediante a encarnação do Verbo o qual assume a natureza humana, elevando-a a um fim sobrenatural. Assim aconteceu na encarnação do Verbo onde o Filho de Deus assumiu em sua Pessoa a natureza humana[98].

[95] Ibid. 41.
[96] BUENAVENTURA. *Del Santíssimo Cuerpo de Cristo*, n. 39, in: *Obras de San Buenaventura* II, Jesu Cristo. Madrid: BAC, 1967. p. 651-652
[97] Ibid. n. 37, p. 650.
[98] VEUTHEY, León. *Jean Duns Scot*. Paris: éditions franciscaines, 1967, pp. 154-160.

Para Duns Escoto, na encarnação o Filho de Deus assumiu a nossa humanidade para formar o seu Corpo Místico no qual pelo batismo o homem se torna filho no Filho e sendo aí incorporado de algum modo pela participação nos sacramentos.

Esse plano totalmente independente do pecado que inclui não somente o homem, mas toda criação foi pensada e prevista para a glória de Cristo e, por conseguinte, Cristo para a glória de Deus. O homem redimido por Cristo é conduzido à vida sobrenatural, ou seja, à vida da graça.

Como então cada homem será elevado individualmente para receber essa vida da graça? Pela incorporação ao mistério Cristo mediante os sacramentos. Cristo invisível, mas presente e atuante em seu Corpo, a Igreja se serve sempre de sinais visíveis para produzir os efeitos espirituais. São os sacramentos. É Jesus quem lhes institui, os quais são verdadeiramente "causa" eficaz da graça. Escoto chama de "causa instrumental dispositiva" que dispõe a pessoa para receber a ação do Cristo conferindo a graça. Os sacramentos operam eficazmente *"ex opere operato"* em virtude da liberdade e da graça de Deus e não de forma mágica ou dependendo da virtude daquele que os recebe.

Além disso, a graça dos sacramentos não está no sinal enquanto sinal, mas na disposição daquele que os recebe. É em virtude da assistência divina que o sacramento em toda parte contém e confere infalivelmente o efeito que ele significa a não ser que haja algum obstáculo da parte do sujeito. O sinal visível é apenas um sinal que medeia a ação de Deus.

Duns Escoto como fiel discípulo de S. Francisco tem uma estima e devoção toda especial ao sacramento da Eucaristia. É por isso que concebe uma visão eucarística cristocêntrica. A Eucaristia está no centro da devoção e da vida sacramental da Igreja. É a fonte e o vértice de toda graça e da vida eclesial. Também é o "sacramento da unidade" porque sustenta e reforça a unidade da Igreja[99]

Na Eucaristia ao contrário de outros sacramentos é o próprio Cristo, autor da graça, que se comunica pessoalmente em sua presença sacramental àqueles que a recebem sob as aparências do pão e do vinho[100].

---

[99] NATALINI, Valentino. *Riflessi di Spiritualità eucaristica in Giovanni Duns Scoto*, in: *La vita Spirituale nel Pensiero di Giovani Duns Scoto*, Assisi, S. Maria degli Angeli, 1966, p. 66; J. A. Merino y F. Martinez Frenesda, Manual de Teología Francescana, pp. 350-352.

[100] VEUTHEY, L. Jean Duns Scot. p. 160.

Aprofundando a visão católica tradicional da "transubstanciação", Escoto se pergunta como se dá essa presença real de Cristo na Eucaristia? De que "modo" Cristo se faz presente e se nos dá como alimento de Vida eterna? Escoto propõe aprofundar a doutrina da transubstanciação mostrando a distinção e a unidade entre a presença do Cristo glorioso no céu e no sacramento da Eucaristia[101].

A transubstanciação é a transição total de substância a substância. Com efeito, após a consagração nada permanece da substância do pão e do vinho, mas sob a sua aparência existe a substância de Cristo. Dá-se então a passagem completa da substância do pão e do vinho para a substância do seu Corpo e Sangue. Na transição de uma substância para a outra alguma coisa da realidade primeira permanece no segundo não alterando que são, por conseguinte, as aparências, isto é, as espécies ou acidentes do pão e o vinho.

Escoto afirma que a transubstanciação não acontece por produção, mas por "adução". Na consagração o Cristo pré-existente no céu se faz presente de forma nova onde ***(ubi)*** ainda não estava presente sobre o altar. O Corpo do Cristo ressuscitado não se produz de novo, mas é o mesmo Corpo que assume uma nova presença agora de "modo sacramental". Cristo não recebe um ser substancial novo, mas realiza um novo *"ser-presente-aqui"*. Portanto, é realmente o Cristo celeste que está presente de maneira nova no sacramento eucarístico. A sua presença sacramental se multiplica em diversos locais, mas é o mesmo e único Cristo glorificado na Eucaristia onde quer que ela seja celebrada.

A Eucaristia é o alimento do nosso crescimento em Cristo, no qual nos é dada a Vida. A própria presença do Senhor se multiplica nas espécies do pão e do vinho para ser a perfeita adoração ao Pai, alimento de cada alma e unidade dos que comem do mesmo pão. Assim se pode notar um fio condutor teológico característico nesse pensamento ao se acentuar a implicação comunitária ou eclesial do Sacramento da Eucaristia. A partir do mistério da encarnação e do conceito de Corpo Místico, a teologia franciscana aprofunda uma compreensão integrada e integradora de sua visão de Igreja resultado de sua espiritualidade eucarística.

10. Mariologia.

---

[101] Ibid. para o aprofundamento deste tema cf. p. 161-176.

Após mostrar a visão sacramental da Igreja e dos sacramentos como uma reflexão fruto da meditação do mistério da encarnação, aprofundamos agora o aspecto mariológico também fundamental na espiritualidade e, por conseguinte, na teologia franciscana. A piedade mariana é uma característica forte da espiritualidade franciscana[102]. Nessa visão Maria se encontra profundamente associada ao Verbo encarnado. É por isso que S. Francisco cultiva um amor todo especial a ssma. Virgem. Por conseqüência a teologia da Ordem sempre procurou aprofundar uma mariologia especificamente franciscana.

Seguindo o espírito dessa piedade mariana, a teologia franciscana desenvolveu uma mariologia cristológica centrada na encarnação do Verbo onde se ressalta e exalta especialmente o papel maternal de Maria, sua condição de Virgem santa e pura, agraciada pelo Espírito Santo, repleta de virtudes, lugar digno e fecundo para a concepção do Filho de Deus. Por causa seu papel maternal, Maria se torna medianeira, isto é, cooperadora ativa e eficaz no plano salvífico de Deus. Ela participa ao lado do seu Filho, unida e dependente a Ele, na condição de criatura eleita e predestinada, na salvação da humanidade não somente no momento da gestação, mas em toda a sua vida, cujo cume acontece na paixão.

A relação profunda entre Maria e Jesus é um traço forte da piedade mariana de Francisco. Ele contempla a unidade desse vínculo entre mãe e Filho de modo a considerá-los modelos da Nova Humanidade:

"Eu, frei Francisco pequenino, quero seguir a vida e a pobreza do altíssimo Senhor Nosso Jesus Cristo e de sua santíssima Mãe e perseverar nela até o fim"[103].

Em sua experiência de fé, essa associação Maria e Jesus intui o valor bíblico do homem e da mulher, apresentados como modelos, que na unidade de sua complementariedade, realizam o binômio de imagem e semelhança da Trindade. Assim, o homem é a imagem e a mulher a semelhança. Um é o Cristo e aquela é o Espírito Santo[104]. Nessa mútua associação se percebe conseqüentemente um "maravilhoso intercambio"[105] onde Cristo, o Verbo do Pai doa a sua divindade à humanidade e Maria, criatura de Deus, doa a sua humanidade à Deus. Francisco contempla no mistério da encarnação essa profunda unidade e diálogo mútuo entre

---

102 Cf. de modo especial, CECCHIN, Stefano. *"Maria, un dato fondamentale per il 'pensare' cristiano e francescano"*, in: Antonianum, Roma, n. 74,1999. p. 501-526.
103 "Carta a frei Antônio" de São Francisco de Assis, cita o autor p. 514.
104 Ibid. p. 516.
105 Ibid.

divindade e humanidade, masculino e feminino, Criador e criatura. Além disso, no pensamento teológico de Francisco na vida do cristão é chamado à dupla seqüela ou seguimento em vista do Reino: Jesus e Maria.

Para Sta. Clara, seguindo a intuição do Poverello, vê Maria o tipo ou imagem ou ainda o modelo de toda vida religiosa. A figura de Maria está ligada aquela de Cristo. Deste modo, assim como Francisco procurou se tornar um outro Cristo (alter Christus) ela deseja ser uma outra Maria (altera Maria)[106].

Mãe e Filho na piedade de Francisco e Clara nunca se separam, mas estão sempre unidos no mistério da encarnação especialmente no momento da Paixão. A teologia franciscana busca aprofundar essa relação entre Maria e Jesus na obra da encarnação. No mistério de Cristo se contempla a grandeza e a dignidade da Virgem Maria. Ela tem um lugar especial na criação e na redenção, no mistério da Trindade, na Igreja e na práxis cristã porque associada intimamente à encarnação do Verbo. A partir daqui tentaremos explicar como isso acontece.

Maria tem um lugar especial no plano da criação visto que associada ao primado absoluto de Cristo segundo a doutrina dos discípulos de Duns Escoto, os chamados escotistas[107]. Segundo C. Balic, grande teólogo franciscano da primeira metade do século XX, no primado de Cristo se encontra a base de toda afirmação sobre Maria[108]. A criação se ordena e se subordina à encarnação porque segundo a Escritura tudo foi criado Nele, por Ele e para Ele[109].

Cristo é o centro e eixo de todo universo. Ele tem o primado sobre todas as coisas. Tudo a Ele se submete seja no céu ou na terra. Ele é cabeça da Igreja. Neste sentido, a criação na humanidade do Verbo encarnado encontra a sua plenitude porque foi elevada de sua condição de pecado à capacidade de adorar a Trindade. Por sua vez Cristo glorifica em plenitude a Trindade e manifesta a sua bondade. Neste sentido, podemos afirmar que dependente de Cristo e ao lado de Cristo sem dirimir os méritos de Cristo, Maria tem um lugar central na obra da criação.

---

[106] Ibid.

[107] Discípulos de Duns Escoto que desenvolveram a doutrina do "Primado absoluto universal de Cristo" ou a "predestinação absoluta de Cristo" em co-relação ao "primado absoluto universal de Maria" (séculos XVI e XVII). Entre eles se destacam Ângelo Volpi, Lorenzo de Brindise e outros. Cf. POMPEI, Alfonso, Mariología, in: MERINO, José Antonio - FRENESDA, Francisco Martinez (org.). *Manual de Teologia Franciscana.* pp. 315-317.

[108] CECCHIN, S. p. 514.

[109] Col. 1, 15-20.

Porque "ab aeterno" predestinada a gerar Cristo segundo a carne e consentindo livremente em colaborar ativamente pela fé no plano de Deus, Maria unida ao seu Filho, se tornou pela vontade divina em "con-causa da criação universal"[110].

Deus ama a Si mesmo (ad intra), mas segundo os seus desígnios quis amar e ser amado para fora de Si (ad extra) no tempo e no espaço por um Outro semelhante gerado de Si, que fosse ao mesmo tempo e indissoluvelmente homem e Deus. Neste sentido, prevê a encarnação do Verbo que deve acontecer no seio de uma mulher virgem, preservada de todo pecado original em vista da dignidade e dos méritos do gerado, Filho de Deus. Assim desde toda eternidade Deus pensou e desejou a Maria como mãe de seu Filho e no mesmo decreto da encarnação do Verbo a predestinou para gerar Aquele que seria a sua maior obra.

Maria segundo a intenção de Deus está profundamente associada ao mistério da encarnação de modo que também ela na condição de criatura, filha de Adão, recebe um lugar de destaque no universo. Neste sentido, ao primado de Cristo na criação vem associado o primado de Maria de modo que ambos são primogênitos de toda criatura pelos quais tudo foi criado. Assim, Cristo e Maria são a causa exemplar e final de todas as coisas seja dos anjos, seres humanos e de todas as criaturas[111]. Maria unida ao mistério da encarnação de Jesus participa do primado de Cristo na criação. Porque o seu Filho assumiu a sua posição de Rei, ela também assumiu, ao seu lado, o seu lugar de dignidade e nobreza como Rainha da criação. Assim se realiza de acordo com a vontade divina, profundo intercâmbio entre Criador e criatura, divino e humano, homem e mulher. A participação ativa de Maria no mistério da encarnação eleva ao mesmo tempo a dignidade de toda criatura e ao mesmo tempo estabelece a grandeza de seu destino.

Cristo e Maria para a teologia franciscana não podem ser pensados separadamente, mas em mútua correlação e complementariedade. O lugar de Cristo na criação exalta e eleva a figura de Maria, parceira de Deus em corpo e alma no mistério da encarnação, e, ao mesmo tempo, o ser humano e especialmente a participação da mulher no plano de Deus. Trata-se de um plano de suma bondade e de puro amor. Exaltar Maria significa glorificar a Cristo e Cristo a Deus – Pai e, em última análise, à dignidade da criatura humana.

---

[110] CECCHIN, Stephano. p. 515.
[111] Cf. MERINO, J. A. - FRENESDA F. M. (org.). p. 316.

Segundo o pensamento escotista, a razão primeira da encarnação não é a redenção porque Deus quis a encarnação independente de todo pecado ou condicionamento humano ou criatural, mas como o homem pecou, a encarnação se tornou também redenção. E assim a mesma manifestou o bem maior da encarnação e a máxima expressão "ad extra" do amor de Deus para conosco. Também nesse plano Maria se encontra profundamente associada a Cristo de modo a se tornar co-redentora da humanidade[112].

Maria foi predestinada antes de toda criatura a ser "mãe" e "companheira" do Redentor. Com o seu consenso livremente tomado em toda a sua vida Maria foi e no céu continua sendo cooperadora da obra da salvação. Essa redenção só se tornou possível com participação integral da Virgem.

De fato, segundo s. Boaventura, a aceitação de Maria ao convite de Deus não se limitou somente à gestação do Filho eterno, mas se estendeu igualmente a toda a sua vida na fidelidade ao Pai, no seguimento de Cristo até ao momento doloroso da cruz. Aí se completou o seu papel de cooperadora da salvação, participando no sofrimento do salvador[113].

Em chave cristocêntrica, Duns Escoto demonstrou a "possibilidade" e a "conveniência" da Imaculada Conceição de Maria[114]. A mediação de Cristo como "Redentor, Reconciliador e Mediador" universal atua em favor da Virgem em vista da maternidade divina. Considerada a mais excelente das filhas de Adão e por causa do seu papel na história da salvação nela Cristo operou não a redenção por libertação, mas por preservação.

Maria em vista dos méritos de Cristo foi preservada de todo pecado original e se tornou o maior e mais nobre fruto da redenção. Segundo a intenção de Deus ela é a Imaculada Conceição. Esse privilégio foi dado a Maria porque uma vez pura de corpo e alma sem nenhuma mancha do pecado original deveria conceber em seu ventre o Filho do Pai eterno possibilitando a união hipostática. Duns Escoto em sutil argumentação demonstrou que tal afirmação não contraria nem a Escritura nem a tradição da Igreja. E seguindo a tradição intelectual franciscana propõe atribuir a Maria tudo o que é de mais excelente[115].

---

[112] CECCHIN, S. p. 518.
[113] Ibid. p. 525.
[114] Ibid. pp. 519 ss; MERINO, J. A. - FRENESDA, F. M. (org.). p. 303-306.
[115] CECCHIN, S. p. 517.

A mariologia franciscana aprofunda também a relação de Maria com o mistério da Trindade. Acentua, por exemplo, a esponsalidade da Virgem com as pessoas divinas. Deste modo, a maternidade divina outorgada a Maria a põe em íntima relação com a ssma. Trindade.

Afirma S. Francisco em seu ofício da paixão que Maria é:

"Santa Virgem Maria, não nasceu nenhuma semelhante a vós entre as mulheres neste mundo, filha e serva do altíssimo sumo Rei e Pai celeste, Mãe do nosso santíssimo Senhor nosso Jesus Cristo, esposa do Espírito Santo"[116].

Na concepção pelo Espírito Santo, Maria se une totalmente à Trindade e a Trindade se une a Maria através do Espírito Santo. Tal associação ao mistério da Trindade mostra a ação de Deus realizando maravilhas em Maria. Ressalta também a sua santidade e preferência da parte do Senhor. Por outro lado, mostra a total submissão e obediência da Virgem, sua abertura e docilidade à ação de Deus[117].

Maria ao lado do seu Filho também tem um lugar especial na Igreja. Para Francisco, Maria é "Virgo ecclesia facta" – Virgem feita Igreja[118]. Essa expressão por ele mesmo cunhada denota a relação de Maria com a Igreja e com cada fiel em particular. Maria é o tipo da Igreja porque ela é modelo e exemplo para ser imitado. Foi Maria que tão bem respondeu ao chamado, se inseriu no plano da salvação e que se conformou aos sentimentos de Cristo. Essa conformação a Cristo tornou-a a primeira crente; protótipo de todos aqueles que crêem; tipo do ser humano fiel a Deus. Assim de acordo com S. Boaventura, se queremos que Deus em nós habite, devemos nos aproximar da Virgem com devoção e a ela se conformar pela imitação. Portanto, viver na Igreja é viver como Maria viveu.

Em sua função maternal, Maria funda a maternidade espiritual da Igreja. No mistério da encarnação, ela é mãe da Igreja. Porque ao conceber na carne o seu Filho, pela ação do Espírito Santo, gera espiritualmente toda Igreja pelos sacramentos.

Além disso, Maria segundo S. Boaventura é o início ou o vértice da Igreja porquanto nela tem origem o "Corpo místico de Cristo"[119]. Neste sentido pela ação do Espírito Santo, a obra de Maria continua visível na Igreja. Tudo o que se realiza na Igreja, toda promessa messiânica e profecia cumprida já se realizou antecipadamente na bem-aventurada Virgem. Por conseguinte, o Espírito continua e amplia essas

---

[116] Ibid. p. 518; "Ofício da Paixão do Senhor" (OP).
[117] Ibid.
[118] Ibid. p. 516-517.
[119]. MERINO, J. A. - FRENESDA, F. M. (org.), p. 231-232.

promessas e desígnios de Deus na Igreja que já teve início com a missão de Nossa Senhora. Com Maria se inaugurou a Nova Aliança e o tempo da Igreja. Em Maria está o resumo, o compêndio e a suprema realização da Igreja, analisa o franciscano A. Pompei[120].

A maternidade de Maria tem o seu paralelo no sacramento do batismo e no coração dos fiéis. Pelo Espírito, Maria gerou Cristo na carne e, por sua vez, os fiéis geram a Cristo em seus corações. Com efeito, a Igreja prolonga e imita a maternidade de Maria. É importante notar que o mesmo Espírito Santo age tanto em Maria como na Igreja bem como em cada fiel batizado.

S. Boaventura desenvolveu teologia mariana que destaca a participação de Maria como medianeira junto a Cristo na obra da salvação[121]. Essa mediação se funda em sua maternidade divina. Maria é medianeira universal das graças porque concebeu o Mediador, autor de nossa salvação. Assim como Jesus é o "Novo Adão", Maria é a "Nova Eva" que com o seu "sim" livre e gratuito mediante a concepção de seu Filho ajudou na redenção da humanidade ferida pelo pecado. Ela participa do plano salvífico de Deus como alguém que intercede e ajuda a humanidade a se voltar para Deus. Maria é a "porta do céu" pela qual os redimidos se voltam para Cristo. Com efeito, Deus entra no mundo através dela e é através dela a humanidade se volta para Deus. Assim como Cristo é a fonte de misericórdia, a Virgem é a mãe de misericórdia. O doutor franciscano a exalta com muitos títulos e imagens bíblicas com o objetivo de ressaltar a sua inserção na história da salvação e a sua co-relação com a Comunidade eclesial.

Maria está associada a Cristo quando complementa a sua obra salvífica. Ela é além de medianeira das graças, cooperadora pedagógica porque é verdadeira Mestra que não somente nos instrui com os exemplos de sua vida, mas que nos expõe e defende as verdades da fé[122].

Porém, Maria não somente é medianeira no momento da concepção porque a sua função mediadora se estende e engloba toda a sua vida até o momento da Paixão e da cruz do seu Filho[123]. É aí que se realiza o ápice ou cume de sua intercessão materna como "mãe da misericórdia". Na seqüela da cruz, ela se compadece com o Filho crucificado, unindo-se às suas dores, oferecendo-o ao Pai, ao mesmo tempo, que ela

[120] Ibid. p. 228.
[121] Ibid. p. 283-284.
[122] Ibid. p. 291.
[123] Ibid. p. 286-287.

mesma se oferta juntamente com Cristo como oblação e sacrifício de salvação em favor de toda humanidade. Maria cooperou não só passivamente na concepção, mas também ativamente ao longo de sua história até chegar a Paixão de seu Filho. Deste modo, a mãe santíssima se tornou medianeira na distribuição de graças operadas por seu Filho, o Mediador da redenção; missão que continua até o presente momento na glória do céu.

Por fim concluímos que a mariologia franciscana tão rica em elementos constitui um contributo notável ao desenvolvimento da doutrina mariana da Igreja e, por conseguinte, a relação cristologia – mariologia muito nos ajuda a esclarecer o sentido e o destino do ser humano e a iluminar o mistério da Igreja. Maria é um dado fundamental para se compreender o mistério de Cristo e da Igreja e, em última análise, o mistério da vocação do homem.

Conclusão

A partir das reflexões feitas anteriormente levando em conta S. Francisco, S. Boaventura e J. Duns Escoto, sem a pretensão de esgotar toda a riqueza e a complexidade da reflexão teológica se percebe na teologia franciscana uma "descontinuidade" e uma "continuidade" ou fio condutor.

Cada teólogo à luz da S. Escritura e em diálogo com o pensamento teológico medieval de sua época aprofunda segundo a sua maneira a teologia, refletindo, por conseguinte, a sua espiritualidade franciscana. Partindo sempre de sua época e contexto cultural diferente, estes teólogos apresentam aspectos que são ora comuns ou distintos entre eles.

Francisco por exemplo que em sua humildade se considerava um homem idiota e iletrado expressa a sua teologia do amor de Deus revelado no Verbo encarnado a todas as criaturas de forma intuitiva e a formula em suas orações, cartas e pregações.

S. Boaventura, teólogo formado na Universidade de Paris, é um místico da história da salvação porque contempla à luz do Verbo a revelação do amor da Trindade na história.

Por sua vez, Duns Escoto, formado em Oxford, é um místico do Ser porque contempla as maravilhas do amor de Deus na realidade individual e concreta das criaturas à luz da centralidade do Verbo encarnado. Ele é ao mesmo tempo metafísico e teólogo.

Há diferenças entre ambos porque cada um responde aos desafios pastorais ou eclesiais de seu tempo. Por outro lado, há uma continuidade de pensamento porque, em síntese, a teologia franciscana se caracteriza pela reflexão da experiência de Deus pautada no mistério da encarnação do Verbo. A vida é pensada de modo especial à luz desse mistério. A encarnação do Verbo é a chave de compreensão dos limites, da grandeza e do valor de Deus, do homem e do mundo.

O aprofundamento teológico dessa experiência de fé imbuída de espiritualidade franciscana nos dá uma visão otimista da criação e da nobreza do ser humano. Toda criatura tem o seu valor sagrado porque contemplada à luz da centralidade do Verbo de modo a não ser considerada como mero objeto de manipulação, mas lugar da contemplação dos sinais da presença de Deus. Toda ela é criada por Deus em Cristo e ordenada a participar da natureza divina mediante a pessoa humana.

Por sua vez, o cristocentrismo da teologia franciscana propõe contemplar a realidade do homem à luz do mistério de Cristo, Verbo encarnado, como sugere a doutrina do Concílio Vaticano II:

"Na realidade o mistério do homem só se torna claro verdadeiramente no mistério do Verbo encarnado". E ainda diz: *"...Cristo manifesta plenamente o homem ao próprio homem e lhe descobre a sua altíssima vocação"*[124].

O ser humano encontra a sua dignidade porque no Verbo ele é "imagem de Deus".

Na ordem da criação, em chave cristocêntrica, se aprofunda a origem e o valor das criaturas inseridas na história da salvação, onde todos os opostos encontram o seu valor, unidade e coincidência. Assim Deus e homem; homem e mulher, Criador e criatura, corpo e alma estão unidos numa relação dinâmica de diferença e complementaridade. A teologia franciscana pensa em termos de comunhão e integração de tudo e de todos com Cristo e de Cristo com o Pai.

Grande é o amor e a misericórdia condescendente de Deus que em seu Filho servo, pobre e crucificado assumiu, tocou e resgatou com a sua graça o mais profundo

---

[124] COMPENDIO DO VATICANO II. Constituições, decretos, declarações. Constituição Dogmática *Gaudium et Spes*, 24ª. ed. Petrópolis: Vozes, 1995, c. I, n. 22.

da realidade humana de modo que cada pessoa humana e, especialmente, nos pobres, contemplamos a "imagem" de Deus.

Na ordem da salvação a teologia franciscana ressalta a centralidade no seguimento a pessoa e ao projeto de Jesus pobre, servo e crucificado.

A eclesiologia propõe pensar a presença e atuação de Cristo morto e ressuscitado na história, na vida eclesial e na pessoa de cada batizado pela ação do Espírito Santo. A eclesiologia sacramental oriunda da tradição agostiniana e dos padres da Igreja é segundo São Boaventura ponto de partida para compreensão do mistério da Igreja.

Com efeito, a pneumatologia tem um lugar muito importante não somente porque ajuda a pensar a Igreja na dinâmica de sua renovação e edificação, mas também integra a diversidade dos elementos eclesiais (sociológico, jurídico, sacramental, carismático) no conjunto e na unidade de um só Corpo místico de Cristo. Cristo age com o seu Espírito Santo. Portanto, a ação do Espírito Santo fundamenta a inserção de todos através de seus dons na edificação da Igreja. De fato, mediante ação do Espírito o fiel leigo tem o seu lugar, seu valor, sua participação ativa e concreta na vida da Igreja.

Ao lado de Jesus, Maria é tipo, modelo do discípulo e da discípula fiel a Deus. A mariologia não é mero apêndice, mas elemento fundamental da teologia franciscana e da Igreja em geral. Com Cristo igualmente ela também está no centro do plano do amor condescendente e gratuito de Deus. Assumindo o Verbo encarnado, pelo anúncio do anjo e, por conseguinte, se tornando Mãe de Deus, Maria aponta para a dignidade de todo ser humano, seu destino e participação no mistério da criação e da redenção.

Em suma, ressaltamos o caráter essencialmente trinitário da teologia franciscana. Em Deus Pai, Filho e Espírito Santo todas as criaturas encontram o seu principio e o seu fim. A vida de amor ou caridade no seio da Trindade é parâmetro e modelo para a vida social, eclesial e pessoal do gênero humano. Criados e justificados em Cristo nós somos chamados à comunhão com a ssma. Trindade.

Podemos dizer que ao contrário da teologia tomista, que prima pelo amor à especulação teológica, pautada na busca da verdade evangélica, a teologia franciscana aprofunda uma "teologia do amor". Ou seja, uma teologia que nos leva à mística e à práxis na Igreja e no mundo, pautada no discipulado e no seguimento a Jesus, aquela forma de vida que nos propõe o Evangelho.

SIGLAS

1. Escritos de São Francisco

1.1. Regra não Bulada (RNB)

1.2. Regra Bulada (RB)

1.3. Testamento (T)

1.4. Admoestações (Ad)

1.5. Carta a toda Ordem (CO)

1.6. Carta a um ministro (CM)

1.7. Carta aos Custódios 1 (1CC)

1.8. Carta aos Custódios 2 (2CC)

1.9. Carta aos clérigos primeira redação (1CCLE)

1.10. Carta aos clérigos segunda redação (2CCLE)

1.11. Carta aos fiéis (1CF)

1.12. Carta aos fiéis (2CF)

1.13. Carta aos dirigentes dos povos (CDP)

1.14. Cântico ao Irmão sol (CIS)

1.15. Louvores do Deus Altíssimo (LDA)

1.16. Louvores a todas as horas (LH)

1.17. Exortação ao louvor de Deus (ELD)

1.18. Saudação das virtudes (SV)

1.19. Saudação da Bem-Aventurada Virgem Maria (SVM)

1.20. Ofício da Paixão do Senhor (OP)

2. Biografias de São Francisco

2.1. Primeira Vida de São Francisco segundo Tomás de Celano (1C).

2.2. Segunda Vida de São Francisco segundo Tomás de Celano (2C)

2.3. Legenda Maior de São Francisco segundo São Boaventura (1B)

2.4. Legenda Menor de São Francisco segundo São Boaventura (2B)

2.5. Das Cinco Considerações sobre os estigmas de São Francisco (CCE)

3. Documentos da Igreja

3.1. Constituição Dogmática sobre a Revelação Divina "Dei Verbum" (DV),

3.2. Constituição Dogmática sobre a Igreja "Lumen Gentium" (LG);

3.3. Constituição Pastoral "Gaudium et Spes" (GS),

Bibliografia

Fontes

FONTES FRNCISCANAS, *Escritos e Biografias de São Francisco de Assis*, São Paulo: Procasp (província dos capuchinhos de São Paulo). http://centrofranciscano.capuchinhossp.org.br/fontes.

Fontes boaventurianas:

Citá Nuova (trad. italiana)

BONAVENTURA. *Opere di San Bonaventura, Opuscoli teologici/*1, t. V1, Roma, Città Nuova, 1993.

______________. *Opere di san Bonaventura. Sermoni Teologici/*2.t. VI/2. Roma, Città Nuova, 1995.

______________. *Opere di San Bonaventura, Commento al Vangelo di San Luca/*1, Roma, Città Nuova, 1999.

______________. *Opere di San Bonaventura, Sermoni de Tempori*, t. XI, Roma, Città Nuova, 2003.

Obras de São Boaventura, BAC, ed. bilíngüe (trad. espanhola)

BUENAVENTURA. *Obras de San Buenaventura,* t. I, 1ª. ed., BAC Madrid 1945;

______________. *Obras de San Buenaventura,* t. II, 3ª. ed., BAC, Madrid 1967;

______________. *Obras de San Buenaventura,* t. III, 1ª. ed. BAC Madrid 1945;

______________. *Obras de San Buenaventura,* t. III, 1.a ed. BAC Madrid 1947;

______________. *Obras de San Buenaventura,* t. V, 1ª. ed. BAC Madrid 1948;

______________. *Obras de San Buenaventura,* t. VI, 1ª. ed. BAC Madrid 1947;

II. Comentários

MERINO, J. A. – F. M. Fresneda. *Manual de Teología Franciscana.* Madrid: BAC, 2003.

IAMMARRONE, Giovanni. *La Cristologia Francescana. Impulsi per il presente.* Padova: Ed. Messaggero, 1997.

VEUTHEY, Léon. *Jean Duns Scot*, Paris, Ed. Franciscaines, 1967.

AMBROGIO, Nguyen Van Si. *Seguire e imitare Cristo secondo san Bonaventura*, trad. ital. Milano: Ed. Biblioteca Francescana, 1995.

MERINO, José Antonio. *Storia della Filosofia Francescana,* trad. ital. Milano: ed. Biblioteca Francescana, 1993.

GERKEN, Alexander. *La Théologie du Verbe*, trad. franc. Paris: ed. franciscaines, 1970.

NATALINI, Valentino. *Riflessi di Spiritualità Eucaristica in Giovanni Duns Scoto*, in: La vita Spirituale nel Pensiero di Giovani Duns Scoto. Assisi: S. Maria degli Angeli, 1966.

NOBERT, Nguyên Van Khanh. *Le Christ dans la pensée de saint François d'Assis d'aprés ses écrists,* Paris: ed. franciscaines, 1989.

VV. AA. *Teologia e filosofia nel pensiero di S. Bonaventura.* Contributi per uma nuova intepretatione. Brescia: Morcelliana, 1974.

III. Artigos

CECCHIN, Stephano M. *Maria, un dato fondamentale per il "pensare" cristiano e francescano,* Roma: Antonianum, n. 84, 1999, p. 501 - 526.

DETTLOFF, Werner. *Die Geistigkeit des hl. Franziskus in der Theologie der Franziskaner.* Wissenschaft und Weisheit. Düsseldorf, v. 19, 1956, p. 197 - 211.

DETTLOFF, Werner. *„Christus tenes medium in omnibus". Sinn und Funktion der Theologie bei Bonaventura* [I. Teil]. Wissenschaft und Weisheit. Düsseldorf, v. 20, 1957, p. 33 - 37.

DETTLOFF, Werner. *„Christus tenes medium in omnibus". Sinn und Funktion der Theologie bei Bonaventura [Schluss].* Düsseldorf. Wissenschaft und Weisheit 20 1957, p. 121 - 140.

MAIO, Maria Tereza, *Sacramento de la Eucaristia: Sacramento de comunión según San Buenaventura.* Roma: Antonianum, n. 74, 2004, p. 3 - 43.

ZAVALLONI, Roberto. *"Corporeità" nel pensiero francescano. Da San Francesco a Duns Scoto.* Roma: Antonianum, n. 66/4, 1991, p. 532 -562.

IV. Documentos

ORDEM DOS FRADES MENORES, *Ratio Studiorum: "In notitia veritatis proficere"* (LegM 11,1). Roma, 2001.

COMPÊNDIO DO VATICANO II, *Constituições, decretos, declarações,* 24a. ed. Petrópolis: Vozes, 1995.

V. Apostilas

RITO DE LEÃO BRASIL, Honório. *Apostila do curso de franciscanismo.* Salvador, 1989.

RUBIO, Garcia. *Modernidade e Pós-modernidade: desafios antropológicos para a formação religiosa.* Petrópolis: Curso para formadores OFM, 2006.

MULHOLLAND, Seamus. *Duns Scotus as a Basis for a Franciscan Environmental Theology.* http://pt.calameo.com/read/00057074720a660f28fd4.

RESTREPO, Daniel Herrera. *La Personalidad como fin de la Persona,* in: II Congreso Internacional de Pedagogia de la reeducación, Medellín, 2000.

WETTER, Friedrich. Teologia de los franciscanos. http://www.mercaba.org/Mundi/3/franciscanos_teologia_de_los.htm.

VI. Dicionários

Dicionário Teológico: o Deus cristão, trad. bras., São Paulo, Paulus, 1998.

BOUGEROL, Jacques-Guy. *Lexique Saint Bonaventure.* Paris: ed. franciscaines, 1969.

Printed by Books on Demand GmbH, Norderstedt / Germany